Ivan Koesjnir

Economie van Micronesië

Serie "Economie in landen"

eerst gepubliceerd: 2021
laatst bijgewerkt: 2021-02-02

Ivan Koesjnir. Economie van Micronesië. Serie "Economie in landen". - 2021. - 71 pages.

Dit boek over de economie van Micronesië van de jaren 1970 tot de jaren 2010. Brongegevens uit UN Data.

Grootte. In de jaren 2010 was het bruto binnenlands product van Micronesië gelijk aan US$1,1 miljard per jaar; de waarde van de landbouw was US$178,6 miljoen; de waarde van de industrie was US$83,8 miljoen.

Productiviteit. In de jaren 2010 bedroeg het bruto binnenlands product per hoofd van de bevolking $3.554,6, de waarde van de landbouw per hoofd $587,6, de waarde van de industrie per hoofd $275,7. Omdat de productiviteit minder gemiddeld onder het gemiddelde ligt, wordt de economie geclassificeerd als minst ontwikkeld.

Groei. In de jaren 2010 bedroeg de groei van het bruto binnenlands product 2,8%; de groei van de landbouw was 2,3%; de groei van de industrie was 5,6%.

Structuur. In de jaren 2010 omvatte de economie van Micronesië: diensten (42,8%), landbouw (17,3%), handel (17,0%), transport (9,6%), industrie (8,1%) en bouw (5,2%).

Uitvoer en invoer. In de jaren 2010 was de invoer 2,6 keer hoger dan de uitvoer, de netto-invoer was gelijk aan 52,8% van het BBP.

Consumptie en reproductie. De houding van reproductie ten opzichte van de consumptie is niet beter dan het mondiale gemiddelde, dus het aandeel van het BBP in de wereld zal niet toenemen.

Serie "Economie in landen": parallel.page.link/nl

ISBN: 9798701849769

Inhoud

Part I. Grootte

	de jaren 2010
BBP	US$1,1 miljard
Het aandeel in de wereld	0,0014%
Het aandeel in Oceanië	0,065%

Hoofdstuk I. Bruto binnenlands product

Het BBP van Micronesië steeg van US$152,8 miljoen per jaar in de jaren 1970 tot US$1,1 miljard per jaar in de jaren 2010, dat wil zeggen met US$927,5 miljoen of 7,1 keer. De verandering vond plaats op US$866,0 miljoen als gevolg van een 5,0-voudige stijging van de prijzen, en ook op -US$69,7 miljoen als gevolg van een 1,3-voudige afname van de productiviteit , evenals op US$131,2 miljoen als gevolg van de toename van de bevolking. De gemiddelde jaarlijkse groei van het bruto binnenlands product is 1,4%. De minimumwaarde van het bruto binnenlands product bedroeg US$74,4 miljoen in 1970. De maximumwaarde van het bruto binnenlands product bedroeg US$1,3 miljard in 2019.

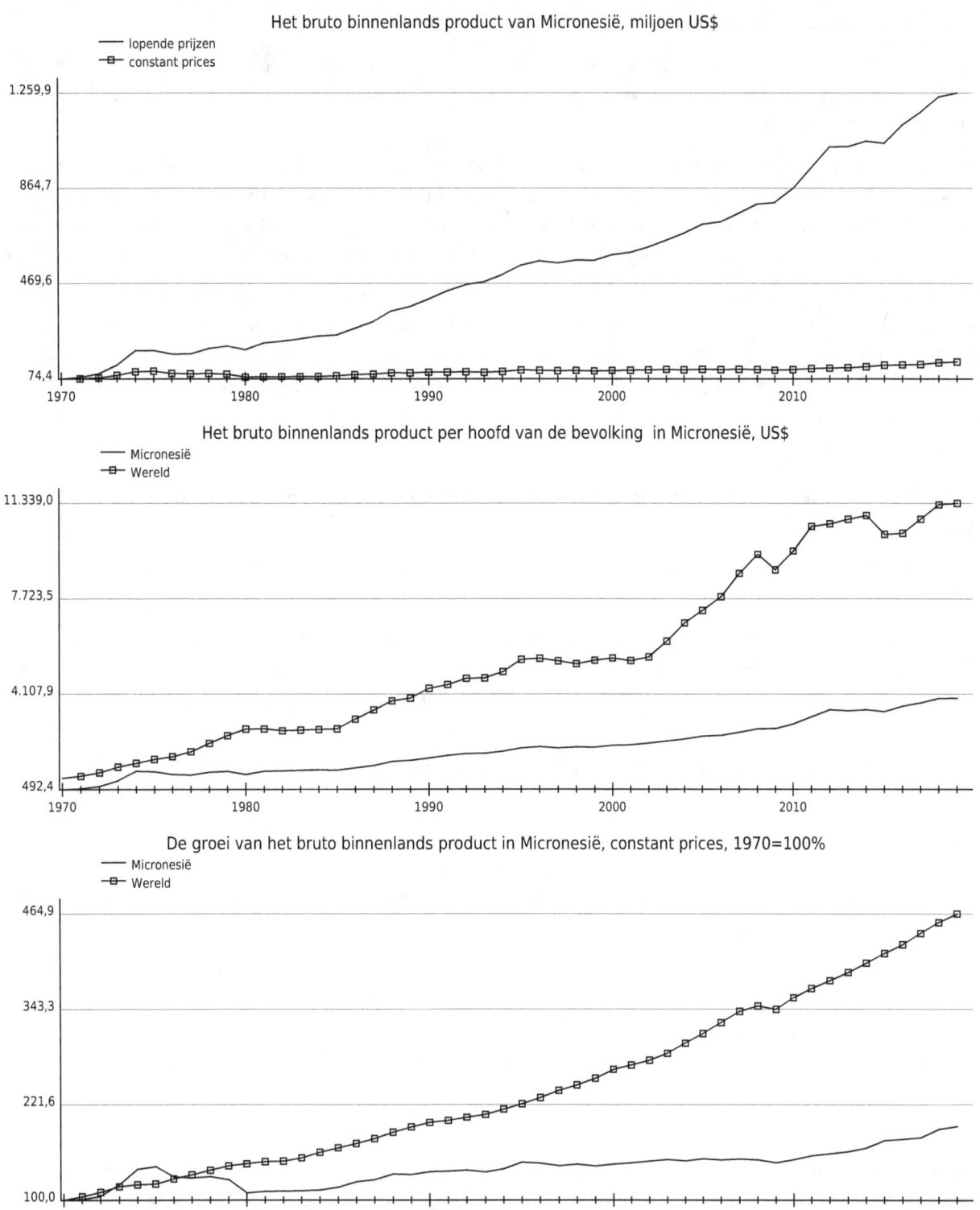

Het bruto binnenlands product van Micronesië, miljoen US$

Het bruto binnenlands product per hoofd van de bevolking in Micronesië, US$

De groei van het bruto binnenlands product in Micronesië, constant prices, 1970=100%

de jaren 1970

Het BBP van Micronesië bedroeg in de jaren 1970 US$152,8 miljoen per jaar, en was vergelijkbaar met San Marino (US$154,0 miljoen). Het aandeel in de wereld was 0,0023%, en 0,13% in Oceanië.

Het bruto binnenlands product van Micronesië bestond uit: huishoudelijke uitgaven (62,2%), overheidsuitgaven (35,4%) en kapitaalvorming (18,8%).

Het bruto binnenlands product per hoofd in Micronesië was $934,6 in de jaren 1970s, en was vergelijkbaar met Algerije (US$936,2), Kiribati (US$926,9), West-Afrika (US$949,9). Het bruto binnenlands product per hoofd in Micronesië was 42,3% lager dan het bruto binnenlands product per hoofd van de bevolking in de wereld ($1.620,8), en was in 5,8 keer lager dan het bruto binnenlands product per hoofd van de bevolking in Oceanië ($1.620,8).

De groei van het BBP in Micronesië bedroeg 2.6% in de jaren 1970, en was vergelijkbaar met Nepal (2,6%), India (2,6%), het Verenigd Koninkrijk (2,6%). De groei van het BBP in Micronesië (2,6%) was minder dan de groei van het BBP in de wereld (4,1%), was minder dan de groei van het BBP in Oceanië (2,8%).

Vergelijking met subregio's. Het bruto binnenlands product van Micronesië was minder dan in Australazië (US$110,5 miljard), in Melanesië (US$3,7 miljard) en in Polynesië (US$814,4 miljoen). Het BBP per hoofd in Micronesië was in Micronesië groter dan in Melanesië (US$909,0); maar minder dan in Australazië (US$6,6 duizend) en in Polynesië (US$2,1 duizend). De groei van het bruto binnenlands product in Micronesië was groter dan in Melanesië (2,5%); maar minder dan in Polynesië (4,8%) en in Australazië (2,8%).

Leiders. Het bruto binnenlands product van Micronesië in de jaren 1970 bestond uit: Kiribati (33,2%), FS van Micronesië (27,9%), Nauru (18,9%), Marshalleilanden (10,4%), Palau (9,7%). Het bruto binnenlands product per hoofd in Micronesië onder de leiders: Nauru ($4.058,9), Palau ($1.185,0), Kiribati ($926,9), Federale Staten van Micronesië ($662,9) en Marshalleilanden ($636,0). De groei van het bruto binnenlands product onder de leiders: Marshalleilanden (6,6%), Federale Staten van Micronesië (6,6%), Kiribati (2,6%), Nauru (0,32%) en Palau (0,15%).

de jaren 1980

Het BBP van Micronesië bedroeg in de jaren 1980 US$272,4 miljoen per jaar. Het aandeel in de wereld was 0,0018%, en 0,11% in Oceanië.

Het bruto binnenlands product van Micronesië bestond uit: huishoudelijke uitgaven (87,7%), overheidsuitgaven (47,4%) en kapitaalvorming (31,8%).

Het bruto binnenlands product per hoofd in Micronesië was $1.311,6 in de jaren 1980s, en was vergelijkbaar met de Dominicaanse Republiek (US$1.313,6), Syrië (US$1.316,1), West-Afrika (US$1.304,2). Het bruto binnenlands product per hoofd in Micronesië was in 2,4 keer lager dan het bruto binnenlands product per hoofd van de bevolking in de wereld ($3.123,4), en was in 7,9 keer lager dan het bruto binnenlands product per hoofd van de bevolking in Oceanië ($3.123,4).

De groei van het BBP in Micronesië bedroeg 0.5% in de jaren 1980. De groei van het BBP in Micronesië (0,52%) was minder dan de groei van het BBP in de wereld (3,0%), was minder dan de groei van het BBP in Oceanië (3,1%).

Vergelijking met subregio's. Het bruto binnenlands product van Micronesië was minder dan in Australazië (US$247,8 miljard), in Melanesië (US$7,1 miljard) en in Polynesië (US$2,3 miljard). Het BBP per hoofd in Micronesië was in Micronesië minder dan in Australazië (US$13,1 duizend), in Polynesië (US$5,1 duizend) en in Melanesië (US$1.351,5). De groei van het bruto binnenlands product in Micronesië was minder dan in Polynesië (4,6%), in Australazië (3,1%) en in Melanesië (2,3%).

Leiders. Het bruto binnenlands product van Micronesië in de jaren 1980 bestond uit: FS van Micronesië (38,4%), Marshalleilanden (18,0%), Palau (15,4%), Nauru (14,8%), Kiribati (13,5%). Het bruto binnenlands product per hoofd in Micronesië onder de leiders: Nauru ($4.756,1), Palau ($3.136,7), Marshalleilanden ($1.297,8), Federale Staten van Micronesië ($1.245,9) en Kiribati ($571,4). De groei van het bruto binnenlands product onder de leiders: Marshalleilanden (5,3%), Palau (3,2%), FS van Micronesië (2,9%), Nauru (-2,8%) en Kiribati (-5,3%).

de jaren 1990

Het bruto binnenlands product van Micronesië bedroeg in de jaren 1990 US$508,4 miljoen per jaar, en was vergelijkbaar met Kaapverdië (US$496,9 miljoen). Het aandeel in de wereld was 0,0018%, en 0,11% in Oceanië.

Het BBP van Micronesië bestond uit: huishoudelijke uitgaven (82,4%), overheidsuitgaven (46,1%) en kapitaalvorming (28,2%).

Het BBP per hoofd in Micronesië was $1.962,4 in de jaren 1990s, en was vergelijkbaar met de Dominicaanse Republiek (US$1.976,9), de FS van Micronesië (US$1.940,0), Ecuador (US$1.917,4). Het BBP per hoofd in Micronesië was in 2,6 keer lager dan het bruto binnenlands product per hoofd van de bevolking in de wereld ($5.020,1), en was in 7,9 keer lager dan het bruto binnenlands product per hoofd van de bevolking in Oceanië ($5.020,1).

De groei van het bruto binnenlands product in Micronesië bedroeg 0.8% in de jaren 1990. De groei van het BBP in Micronesië (0,77%) was minder dan de groei van het BBP in de wereld (2,8%), was minder dan de groei van het bruto binnenlands product in Oceanië (3,3%).

Vergelijking met subregio's. Het BBP van Micronesië was minder dan in Australazië (US$428,4 miljard), in Melanesië (US$12,2 miljard) en in Polynesië (US$4,5 miljard). Het BBP per hoofd in Micronesië was in Micronesië groter dan in Melanesië (US$1.835,6); maar minder dan in Australazië (US$19,9 duizend) en in Polynesië (US$8,8 duizend). De groei van het BBP in Micronesië was minder dan in Melanesië (3,6%), in Australazië (3,3%) en in Polynesië (1,9%).

Leiders. Het bruto binnenlands product van Micronesië in de jaren 1990 bestond uit: FS van Micronesië (39,9%), Palau (21,9%), Marshalleilanden (20,1%), Kiribati (11,1%), Nauru (7,1%). Het bruto binnenlands product per hoofd in Micronesië onder de leiders: Palau ($6.567,2), Nauru ($3.484,3), Marshalleilanden ($2.051,8), FS van Micronesië ($1.940,0) en Kiribati ($726,0). De groei van het bruto binnenlands product onder de leiders: Palau (3,5%), FS van Micronesië (2,1%), Kiribati (1,9%), Marshalleilanden (0,74%) en Nauru (-10,7%).

de jaren 2000

Het BBP van Micronesië bedroeg in de jaren 2000 US$693,6 miljoen per jaar, en was vergelijkbaar met de Comoren (US$703,9 miljoen). Het aandeel in de wereld was 0,0015%, en 0,083% in Oceanië.

Het bruto binnenlands product van Micronesië bestond uit: huishoudelijke uitgaven (76,0%), overheidsuitgaven (46,0%) en kapitaalvorming (35,1%).

Het bruto binnenlands product per hoofd in Micronesië was $2.466,2 in de jaren 2000s, en was vergelijkbaar met Kaapverdië (US$2,5 duizend), Jordanië (US$2,5 duizend), Tonga (US$2,5 duizend). Het BBP per hoofd in Micronesië was in 2,9 keer lager dan het bruto binnenlands product per hoofd van de bevolking in de wereld ($7.176,3), en was in 10,1 keer lager dan het bruto binnenlands product per hoofd van de bevolking in Oceanië ($7.176,3).

De groei van het bruto binnenlands product in Micronesië bedroeg 0.3% in de jaren 2000. De groei van het bruto binnenlands product in Micronesië (0,30%) was minder dan de groei van het BBP in de wereld (3,0%), was minder dan de groei van het BBP in Oceanië (3,0%).

Vergelijking met subregio's. Het BBP van Micronesië was minder dan in Australazië (US$808,3 miljard), in Melanesië (US$17,1 miljard) en in Polynesië (US$6,3 miljard). Het bruto binnenlands product per hoofd in Micronesië was in Micronesië groter dan in Melanesië (US$2,1 duizend); maar minder dan in Australazië (US$33,3 duizend) en in Polynesië (US$11,1 duizend). De groei van het BBP in Micronesië was minder dan in Australazië (3,0%), in Melanesië (2,5%) en in Polynesië (1,6%).

Leiders. Het bruto binnenlands product van Micronesië in de jaren 2000 bestond uit: Federale Staten van Micronesië (36,1%), Palau (25,2%), Marshalleilanden (19,6%), Kiribati (15,0%), Nauru (4,1%). Het bruto binnenlands product per hoofd in Micronesië onder de leiders: Palau ($9.046,7), Nauru ($2.824,2), Marshalleilanden ($2.514,0), Federale Staten van Micronesië ($2.368,0) en Kiribati ($1.129,3). De groei van het BBP onder de leiders: Marshalleilanden (2,0%), Kiribati (1,5%), FS van Micronesië (0,44%), Palau (-1,1%) en Nauru (-1,6%).

de jaren 2010

Het BBP van Micronesië bedroeg in de jaren 2010 US$1,1 miljard per jaar, en was vergelijkbaar met de Salomonseilanden (US$1,1 miljard), de Comoren (US$1,1 miljard). Het aandeel in de wereld was 0,0014%, en 0,065% in Oceanië.

Het BBP van Micronesië bestond uit: huishoudelijke uitgaven (78,5%), overheidsuitgaven (43,2%) en kapitaalvorming (32,0%).

Het bruto binnenlands product per hoofd in Micronesië was $3.554,6 in de jaren 2010s, en was vergelijkbaar met Tuvalu (US$3,5 duizend), Indonesië (US$3,6 duizend). Het BBP per hoofd in Micronesië was in 3,0 keer lager dan het bruto binnenlands product per hoofd van de bevolking in de wereld ($10.603,1), en was in 11,9 keer lager dan het bruto binnenlands product per hoofd van de bevolking in Oceanië ($10.603,1).

De groei van het bruto binnenlands product in Micronesië bedroeg 2.8% in de jaren 2010, en was vergelijkbaar met Centraal-Afrika (2,8%), Hongarije (2,8%). De groei van het bruto binnenlands product in Micronesië (2,8%) was minder dan de groei van het bruto binnenlands product in de wereld (3,1%), was groter dan de groei van het BBP in Oceanië (2,5%).

Vergelijking met subregio's. Het BBP van Micronesië was 1.492,8 keer minder dan in Australazië (US$1,6 biljoen), 34,7 keer minder dan in Melanesië (US$37,5 miljard) en 6,9 keer minder dan in Polynesië (US$7,5 miljard). Het bruto binnenlands product per hoofd in Micronesië was in Micronesië16,0 keer minder dan in Australazië (US$57,0 duizend), 3,5 keer minder dan in Polynesië (US$12,5 duizend) en 4,8% minder dan in Melanesië (US$3,7 duizend). De groei van het bruto binnenlands product in Micronesië was groter dan in Australazië (2,4%) en in Polynesië (0,90%); maar minder dan in Melanesië (4,6%).

Leiders. Het BBP van Micronesië in de jaren 2010 bestond uit: FS van Micronesië (31,5%), Palau (23,0%), Marshalleilanden (18,1%), Kiribati (16,9%), Nauru (10,6%). Het BBP per hoofd in Micronesië onder de leiders: Palau ($13.975,2), Nauru ($11.017,1), Marshalleilanden ($3.402,7), Federale Staten van Micronesië ($3.147,9) en Kiribati ($1.652,3). De groei van het BBP onder de leiders: Nauru (10,6%), Marshalleilanden (4,3%), Kiribati (2,9%), Palau (2,1%) en FS van Micronesië (0,69%).

Hoofdstuk II. Toegevoegde waarde

De toegevoegde waarde van Micronesië steeg van US$149,3 miljoen per jaar in de jaren 1970 tot US$1,0 miljard per jaar in de jaren 2010, dat wil zeggen met US$885,3 miljoen of 6,9 keer. De verandering vond plaats op US$826,4 miljoen als gevolg van een 5,0-voudige stijging van de prijzen, en ook op -US$69,3 miljoen als gevolg van een 1,3-voudige afname van de productiviteit , evenals op US$128,1 miljoen als gevolg van de toename van de bevolking. De gemiddelde jaarlijkse groei van de toegevoegde waarde is 1,4%. De minimumwaarde van de toegevoegde waarde bedroeg US$72,4 miljoen in 1970. De maximumwaarde van de toegevoegde waarde bedroeg US$1,2 miljard in 2019.

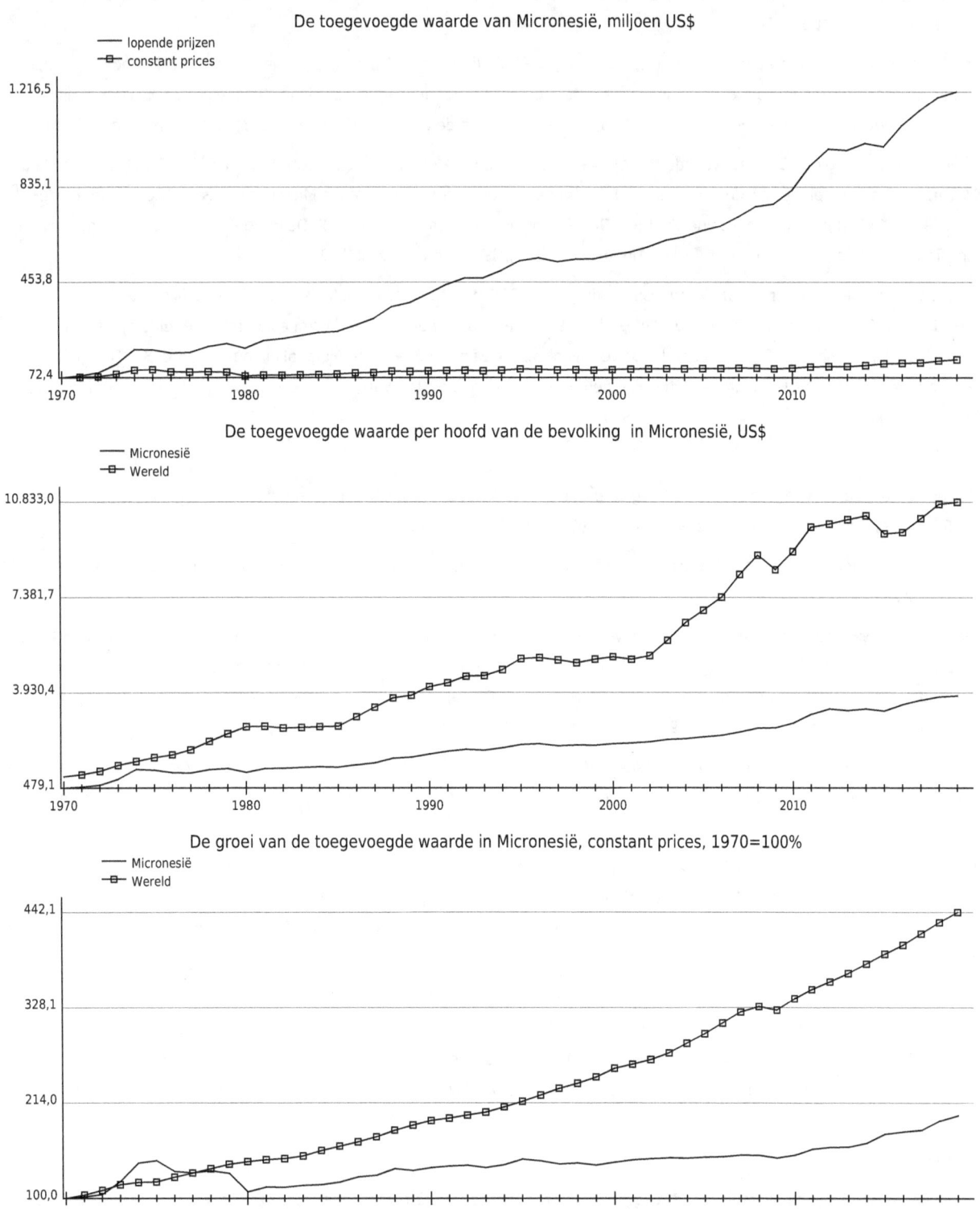

De toegevoegde waarde van Micronesië, miljoen US$

De toegevoegde waarde per hoofd van de bevolking in Micronesië, US$

De groei van de toegevoegde waarde in Micronesië, constant prices, 1970=100%

de jaren 1970

De toegevoegde waarde van Micronesië bedroeg in de jaren 1970 US$149,3 miljoen per jaar. Het aandeel in de wereld was 0,0024%, en 0,14% in Oceanië.

De totale toegevoegde waarde van Micronesië bestond uit: diensten (33,2%), industrie (23,1%), landbouw (15,7%), handel (14,4%), bouw (6,9%) en transport (6,8%).

De toegevoegde waarde per hoofd in Micronesië was $912,7 in de jaren 1970s, en was vergelijkbaar met West-Afrika (US$914,0), de Seychellen (US$907,5), Brazilië (US$918,5). De toegevoegde waarde per hoofd in Micronesië was 41,7% lager dan de toegevoegde waarde per hoofd van de bevolking in de wereld ($1.564,4), en was in 5,6 keer lager dan de toegevoegde waarde per hoofd van de bevolking in Oceanië ($1.564,4).

De groei van de toegevoegde waarde in Micronesië bedroeg 2.9% in de jaren 1970, en was vergelijkbaar met de Nederland (2,9%), de Verenigde Staten (2,9%), Papoea-Nieuw-Guinea (2,9%). De groei van de toegevoegde waarde in Micronesië (2,9%) was minder dan de groei van de toegevoegde waarde in de wereld (3,9%), was minder dan de groei van de toegevoegde waarde in Oceanië (3,2%).

Vergelijking met subregio's. De toegevoegde waarde van Micronesië was minder dan in Australazië (US$103,3 miljard), in Melanesië (US$4,1 miljard) en in Polynesië (US$749,5 miljoen). De toegevoegde waarde per hoofd in Micronesië was in Micronesië minder dan in Australazië (US$6,2 duizend), in Polynesië (US$1.902,9) en in Melanesië (US$991,9). De groei van de toegevoegde waarde in Micronesië was minder dan in Polynesië (4,6%), in Australazië (3,2%) en in Melanesië (3,1%).

Leiders. De toegevoegde waarde van Micronesië in de jaren 1970 bestond uit: Kiribati (30,4%), FS van Micronesië (27,5%), Nauru (20,8%), Palau (11,5%), Marshalleilanden (9,8%). De toegevoegde waarde per hoofd in Micronesië onder de leiders: Nauru ($4.371,1), Palau ($1.380,1), Kiribati ($828,0), Federale Staten van Micronesië ($638,8) en Marshalleilanden ($585,3). De groei van de toegevoegde waarde onder de leiders: Marshalleilanden (6,6%), Federale Staten van Micronesië (6,6%), Kiribati (4,3%), Nauru (0,37%) en Palau (0,15%).

de jaren 1980

De toegevoegde waarde van Micronesië bedroeg in de jaren 1980 US$271,1 miljoen per jaar, en was vergelijkbaar met Saint Lucia (US$276,2 miljoen). Het aandeel in de wereld was 0,0019%, en 0,11% in Oceanië.

De totale toegevoegde waarde van Micronesië bestond uit: diensten (41,3%), landbouw (20,4%), handel (15,8%), constructie (8,5%), industrie (7,1%) en vervoer (6,9%).

De toegevoegde waarde per hoofd in Micronesië was $1.305,2 in de jaren 1980s, en was vergelijkbaar met Libanon (US$1.297,0), Congo-Brazzaville (US$1.314,8), Syrië (US$1.316,0). De toegevoegde waarde per hoofd in Micronesië was in 2,3 keer lager dan de toegevoegde waarde per hoofd van de bevolking in de wereld ($3.029,9), en was in 7,5 keer lager dan de toegevoegde waarde per hoofd van de bevolking in Oceanië ($3.029,9).

De groei van de toegevoegde waarde in Micronesië bedroeg 0.3% in de jaren 1980. De groei van de toegevoegde waarde in Micronesië (0,26%) was minder dan de groei van de toegevoegde waarde in de wereld (2,9%), was minder dan de groei van de toegevoegde waarde in Oceanië (3,4%).

Vergelijking met subregio's. De toegevoegde waarde van Micronesië was minder dan in Australazië (US$232,7 miljard), in Melanesië (US$7,7 miljard) en in Polynesië (US$2,1 miljard). De toegevoegde waarde per hoofd in Micronesië was in Micronesië minder dan in Australazië (US$12,4 duizend), in Polynesië (US$4,7 duizend) en in Melanesië (US$1.457,2). De groei van de toegevoegde waarde in Micronesië was minder dan in Polynesië (4,4%), in Australazië (3,4%) en in Melanesië (1,9%).

Leiders. De toegevoegde waarde van Micronesië in de jaren 1980 bestond uit: FS van Micronesië (37,2%), Palau (18,0%), Marshalleilanden (16,6%), Nauru (15,9%), Kiribati (12,2%). De toegevoegde waarde per hoofd in Micronesië onder de leiders: Nauru ($5.111,7), Palau ($3.655,6), FS van Micronesië ($1.200,6), Marshalleilanden ($1.194,4) en Kiribati ($515,9). De groei van de toegevoegde waarde onder de leiders: Marshalleilanden (5,3%), Palau (3,2%), Federale Staten van Micronesië (2,9%), Nauru (-2,8%) en Kiribati (-6,0%).

de jaren 1990

De toegevoegde waarde van Micronesië bedroeg in de jaren 1990 US$501,3 miljoen per jaar, en was vergelijkbaar met Kaapverdië

(US$496,9 miljoen), de Maldiven (US$494,9 miljoen), de Seychellen (US$491,3 miljoen). Het aandeel in de wereld was 0,0018%, en 0,12% in Oceanië.

De totale toegevoegde waarde van Micronesië bestond uit: diensten (45,0%), handel (17,7%), landbouw (17,3%), transport (7,8%), bouw (6,4%) en industrie (5,8%).

De toegevoegde waarde per hoofd in Micronesië was $1.934,8 in de jaren 1990s, en was vergelijkbaar met Paraguay (US$1.930,1), de Marshalleilanden (US$1.895,7), de Maldiven (US$1.980,2). De toegevoegde waarde per hoofd in Micronesië was in 2,5 keer lager dan de toegevoegde waarde per hoofd van de bevolking in de wereld ($4.799,9), en was in 7,4 keer lager dan de toegevoegde waarde per hoofd van de bevolking in Oceanië ($4.799,9).

De groei van de toegevoegde waarde in Micronesië bedroeg 0.5% in de jaren 1990. De groei van de toegevoegde waarde in Micronesië (0,47%) was minder dan de groei van de toegevoegde waarde in de wereld (2,7%), was minder dan de groei van de toegevoegde waarde in Oceanië (3,3%).

Vergelijking met subregio's. De toegevoegde waarde van Micronesië was minder dan in Australazië (US$394,8 miljard), in Melanesië (US$12,3 miljard) en in Polynesië (US$4,1 miljard). De toegevoegde waarde per hoofd in Micronesië was in Micronesië groter dan in Melanesië (US$1.857,0); maar minder dan in Australazië (US$18,3 duizend) en in Polynesië (US$8,0 duizend). De groei van de toegevoegde waarde in Micronesië was minder dan in Melanesië (3,3%), in Australazië (3,3%) en in Polynesië (1,8%).

Leiders. De toegevoegde waarde van Micronesië in de jaren 1990 bestond uit: Federale Staten van Micronesië (38,9%), Palau (23,9%), Marshalleilanden (18,8%), Kiribati (10,6%), Nauru (7,7%). De toegevoegde waarde per hoofd in Micronesië onder de leiders: Palau ($7.083,8), Nauru ($3.753,7), Marshalleilanden ($1.895,7), Federale Staten van Micronesië ($1.864,8) en Kiribati ($687,0). De groei van de toegevoegde waarde onder de leiders: Palau (3,2%), Kiribati (2,9%), Federale Staten van Micronesië (1,9%), Marshalleilanden (0,50%) en Nauru (-10,8%).

de jaren 2000

De toegevoegde waarde van Micronesië bedroeg in de jaren 2000 US$656,9 miljoen per jaar, en was vergelijkbaar met Djibouti (US$657,2 miljoen). Het aandeel in de wereld was 0,0015%, en 0,085% in Oceanië.

De totale toegevoegde waarde van Micronesië bestond uit: diensten (46,8%), handel (17,1%), landbouw (16,0%), vervoer (8,9%), constructie (6,2%) en industrie (4,8%).

De toegevoegde waarde per hoofd in Micronesië was $2.335,8 in de jaren 2000s, en was vergelijkbaar met de Marshalleilanden (US$2,4 duizend), Paraguay (US$2,3 duizend). De toegevoegde waarde per hoofd in Micronesië was in 2,9 keer lager dan de toegevoegde waarde per hoofd van de bevolking in de wereld ($6.818,0), en was in 9,9 keer lager dan de toegevoegde waarde per hoofd van de bevolking in Oceanië ($6.818,0).

De groei van de toegevoegde waarde in Micronesië bedroeg 0.6% in de jaren 2000. De groei van de toegevoegde waarde in Micronesië (0,61%) was minder dan de groei van de toegevoegde waarde in de wereld (2,9%), was minder dan de groei van de toegevoegde waarde in Oceanië (3,0%).

Vergelijking met subregio's. De toegevoegde waarde van Micronesië was minder dan in Australazië (US$746,3 miljard), in Melanesië (US$16,1 miljard) en in Polynesië (US$5,7 miljard). De toegevoegde waarde per hoofd in Micronesië was in Micronesië groter dan in Melanesië (US$1.963,3); maar minder dan in Australazië (US$30,7 duizend) en in Polynesië (US$10,0 duizend). De groei van de toegevoegde waarde in Micronesië was minder dan in Australazië (3,0%), in Melanesië (2,1%) en in Polynesië (1,8%).

Leiders. De toegevoegde waarde van Micronesië in de jaren 2000 bestond uit: Federale Staten van Micronesië (35,9%), Palau (25,0%), Marshalleilanden (19,7%), Kiribati (15,1%), Nauru (4,4%). De toegevoegde waarde per hoofd in Micronesië onder de leiders: Palau ($8.490,5), Nauru ($2.887,4), Marshalleilanden ($2.383,5), Federale Staten van Micronesië ($2.228,1) en Kiribati ($1.078,2). De groei van de toegevoegde waarde onder de leiders: Marshalleilanden (2,2%), Kiribati (1,7%), FS van Micronesië (0,37%), Palau (-0,25%) en Nauru (-2,0%).

de jaren 2010

De toegevoegde waarde van Micronesië bedroeg in de jaren 2010 US$1,0 miljard per jaar, en was vergelijkbaar met de Comoren (US$1,0 miljard). Het aandeel in de wereld was 0,0014%, en 0,067% in Oceanië.

De totale toegevoegde waarde van Micronesië bestond uit: diensten (42,8%), landbouw (17,3%), handel (17,0%), transport (9,6%), industrie (8,1%) en bouw (5,2%).

De toegevoegde waarde per hoofd in Micronesië was $3.404,0 in de jaren 2010s, en was vergelijkbaar met Sri Lanka (US$3,4 duizend), Tuvalu (US$3,4 duizend), Melanesië (US$3,5 duizend). De toegevoegde waarde per hoofd in Micronesië was in 3,0 keer lager dan de toegevoegde waarde per hoofd van de bevolking in de wereld ($10.094,6), en was in 11,6 keer lager dan de toegevoegde waarde per hoofd van de bevolking in Oceanië ($10.094,6).

De groei van de toegevoegde waarde in Micronesië bedroeg 3% in de jaren 2010, en was vergelijkbaar met Ecuador (2,9%), de Cookeilanden (2,9%), IJsland (3,0%). De groei van de toegevoegde waarde in Micronesië (3,0%) was minder dan de groei van de toegevoegde waarde in de wereld (3,1%), was groter dan de groei van de toegevoegde waarde in Oceanië (2,5%).

Vergelijking met subregio's. De toegevoegde waarde van Micronesië was 1.453,4 keer minder dan in Australazië (US$1,5 biljoen), 33,8 keer minder dan in Melanesië (US$35,0 miljard) en 6,6 keer minder dan in Polynesië (US$6,8 miljard). De toegevoegde waarde per hoofd in Micronesië was   in Micronesië15,6 keer minder dan in Australazië (US$53,1 duizend), 3,3 keer minder dan in Polynesië (US$11,4 duizend) en 2,3% minder dan in Melanesië (US$3,5 duizend). De groei van de toegevoegde waarde in Micronesië was groter dan in Australazië (2,5%) en in Polynesië (0,93%); maar minder dan in Melanesië (4,7%).

Leiders. De toegevoegde waarde van Micronesië in de jaren 2010 bestond uit: Federale Staten van Micronesië (30,9%), Palau (21,6%), Marshalleilanden (18,4%), Kiribati (18,0%), Nauru (11,1%). De toegevoegde waarde per hoofd in Micronesië onder de leiders: Palau ($12.586,2), Nauru ($11.077,5), Marshalleilanden ($3.320,9), Federale Staten van Micronesië ($2.955,0) en Kiribati ($1.686,9). De groei van de toegevoegde waarde onder de leiders: Nauru (9,7%), Marshalleilanden (4,5%), Kiribati (3,3%), Palau (2,5%) en FS van Micronesië (0,75%).

Hoofdstuk III. Bruto nationaal inkomen

Het BNI van Micronesië steeg van US$163,4 miljoen per jaar in de jaren 1970 tot US$1,3 miljard per jaar in de jaren 2010, dat wil zeggen met US$1,2 miljard of 8,1 keer. De verandering vond plaats op US$1,1 miljard als gevolg van een 5,0-voudige stijging van de prijzen, en ook op -US$40,5 miljoen als gevolg van een 1,2-voudige afname van de productiviteit , evenals op US$140,2 miljoen als gevolg van de toename van de bevolking. De gemiddelde jaarlijkse groei van het BNI is 1,7%. De minimumwaarde van het bruto nationaal inkomen bedroeg US$79,1 miljoen in 1970. De maximumwaarde van het BNI bedroeg US$1,6 miljard in 2019.

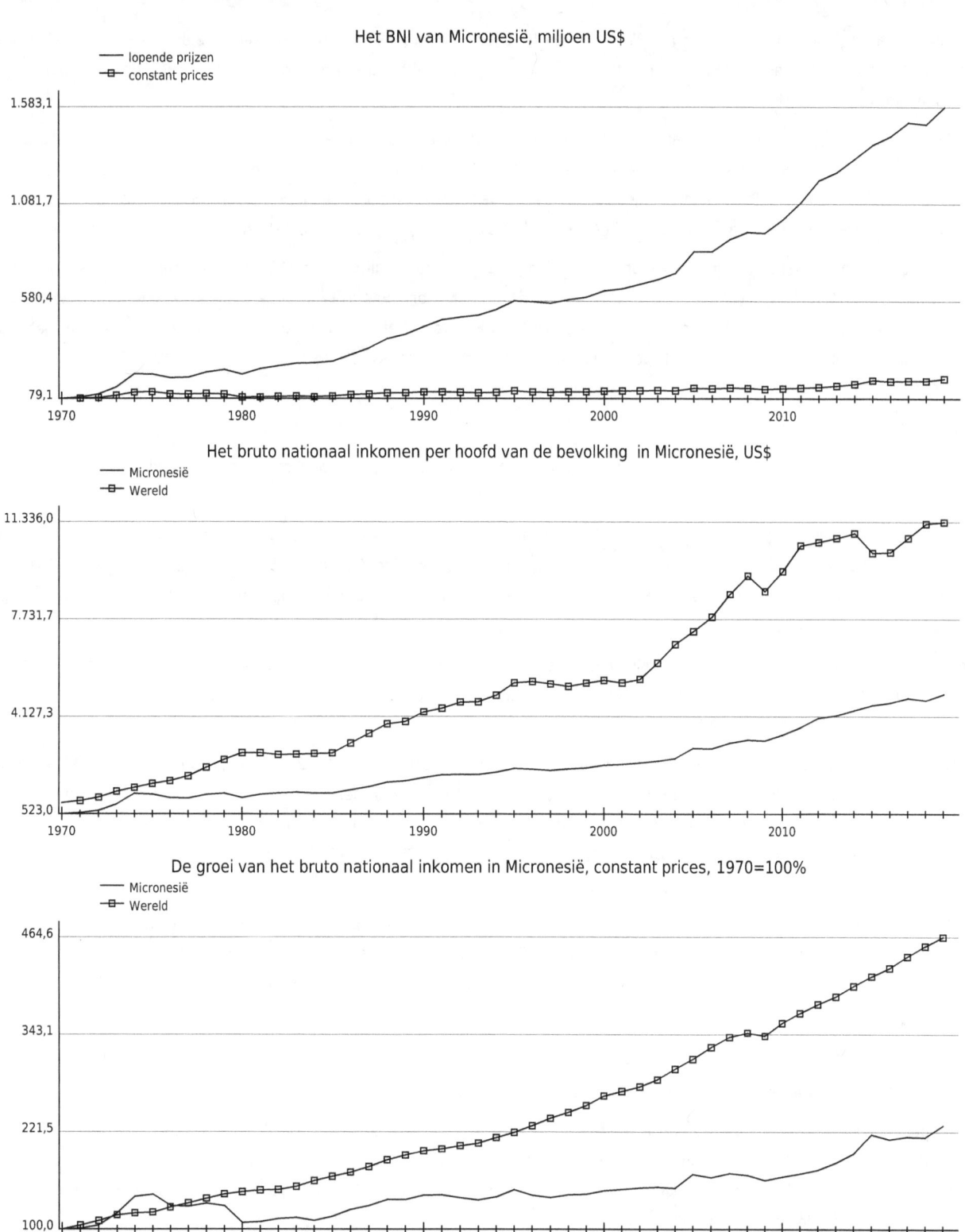

Het BNI van Micronesië, miljoen US$

Het bruto nationaal inkomen per hoofd van de bevolking in Micronesië, US$

De groei van het bruto nationaal inkomen in Micronesië, constant prices, 1970=100%

de jaren 1970

Het BNI van Micronesië bedroeg in de jaren 1970 US$163,4 miljoen per jaar. Het aandeel in de wereld was 0,0025%, en 0,14% in Oceanië.

Het bruto nationaal inkomen per hoofd in Micronesië was $998,9 in de jaren 1970s, en was vergelijkbaar met Panama (US$1.000,3), Kiribati (US$1.002,2), Ecuador (US$1.022,7). Het BNI per hoofd in Micronesië was 38,5% lager dan het bruto nationaal inkomen per hoofd van de bevolking in de wereld ($1.624,3), en was in 5,3 keer lager dan het bruto nationaal inkomen per hoofd van de bevolking in Oceanië ($1.624,3).

De groei van het BNI in Micronesië bedroeg 2.8% in de jaren 1970, en was vergelijkbaar met Oost-Afrika (2,8%). De groei van het bruto nationaal inkomen in Micronesië (2,8%) was minder dan de groei van het BNI in de wereld (4,1%), was groter dan de groei van het BNI in Oceanië (2,8%).

Vergelijking met subregio's. Het bruto nationaal inkomen van Micronesië was minder dan in Australazië (US$109,5 miljard), in Melanesië (US$3,4 miljard) en in Polynesië (US$828,3 miljoen). Het bruto nationaal inkomen per hoofd in Micronesië was in Micronesië groter dan in Melanesië (US$823,7); maar minder dan in Australazië (US$6,6 duizend) en in Polynesië (US$2,1 duizend). De groei van het BNI in Micronesië was groter dan in Australazië (2,8%) en in Melanesië (2,4%); maar minder dan in Polynesië (4,7%).

Leiders. Het bruto nationaal inkomen van Micronesië in de jaren 1970 bestond uit: Kiribati (33,6%), Federale Staten van Micronesië (27,7%), Nauru (18,5%), Marshalleilanden (12,1%), Palau (8,1%). Het BNI per hoofd in Micronesië onder de leiders: Nauru ($4.252,4), Palau ($1.062,7), Kiribati ($1.002,2), Marshalleilanden ($795,8) en Federale Staten van Micronesië ($702,8). De groei van het bruto nationaal inkomen onder de leiders: Marshalleilanden (6,6%), FS van Micronesië (6,5%), Kiribati (3,3%), Nauru (0,32%) en Palau (0,15%).

de jaren 1980

Het bruto nationaal inkomen van Micronesië bedroeg in de jaren 1980 US$292,5 miljoen per jaar. Het aandeel in de wereld was 0,0019%, en 0,12% in Oceanië.

Het bruto nationaal inkomen per hoofd in Micronesië was $1.408,0 in de jaren 1980s, en was vergelijkbaar met Belize (US$1.409,1), Grenada (US$1.401,7), Jamaica (US$1.399,3). Het bruto nationaal inkomen per hoofd in Micronesië was in 2,2 keer lager dan het bruto nationaal inkomen per hoofd van de bevolking in de wereld ($3.117,1), en was in 7,2 keer lager dan het bruto nationaal inkomen per hoofd van de bevolking in Oceanië ($3.117,1).

De groei van het bruto nationaal inkomen in Micronesië bedroeg 0.6% in de jaren 1980, en was vergelijkbaar met Peru (0,62%). De groei van het bruto nationaal inkomen in Micronesië (0,61%) was minder dan de groei van het BNI in de wereld (3,0%), was minder dan de groei van het BNI in Oceanië (2,9%).

Vergelijking met subregio's. Het BNI van Micronesië was minder dan in Australazië (US$242,2 miljard), in Melanesië (US$6,4 miljard) en in Polynesië (US$2,3 miljard). Het bruto nationaal inkomen per hoofd in Micronesië was in Micronesië groter dan in Melanesië (US$1.214,1); maar minder dan in Australazië (US$12,9 duizend) en in Polynesië (US$5,2 duizend). De groei van het bruto nationaal inkomen in Micronesië was minder dan in Polynesië (4,7%), in Australazië (2,9%) en in Melanesië (2,3%).

Leiders. Het BNI van Micronesië in de jaren 1980 bestond uit: Federale Staten van Micronesië (38,8%), Marshalleilanden (21,0%), Nauru (14,4%), Kiribati (13,0%), Palau (12,8%). Het bruto nationaal inkomen per hoofd in Micronesië onder de leiders: Nauru ($4.982,9), Palau ($2.811,0), Marshalleilanden ($1.624,1), Federale Staten van Micronesië ($1.349,7) en Kiribati ($593,6). De groei van het BNI onder de leiders: Marshalleilanden (5,3%), Federale Staten van Micronesië (3,5%), Palau (3,2%), Nauru (-2,8%) en Kiribati (-5,5%).

de jaren 1990

Het bruto nationaal inkomen van Micronesië bedroeg in de jaren 1990 US$540,0 miljoen per jaar, en was vergelijkbaar met Belize (US$527,6 miljoen). Het aandeel in de wereld was 0,0019%, en 0,13% in Oceanië.

Het BNI per hoofd in Micronesië was $2.084,4 in de jaren 1990s, en was vergelijkbaar met de Maldiven (US$2,1 duizend), Suriname (US$2,1 duizend), Tonga (US$2,1 duizend). Het bruto nationaal inkomen per hoofd in Micronesië was in 2,4 keer lager dan het bruto nationaal inkomen per hoofd van de bevolking in de wereld ($4.991,4), en was in 7,1 keer lager dan het bruto nationaal inkomen per hoofd van de bevolking in Oceanië ($4.991,4).

De groei van het BNI in Micronesië bedroeg 0.5% in de jaren 1990. De groei van het bruto nationaal inkomen in Micronesië (0,48%) was minder dan de groei van het BNI in de wereld (2,8%), was minder dan de groei van het bruto nationaal inkomen in Oceanië (3,3%).

Vergelijking met subregio's. Het bruto nationaal inkomen van Micronesië was minder dan in Australazië (US$412,9 miljard), in Melanesië (US$11,8 miljard) en in Polynesië (US$4,5 miljard). Het BNI per hoofd in Micronesië was in Micronesië groter dan in Melanesië (US$1.785,6); maar minder dan in Australazië (US$19,2 duizend) en in Polynesië (US$8,9 duizend). De groei van het bruto nationaal inkomen in Micronesië was minder dan in Melanesië (4,6%), in Australazië (3,3%) en in Polynesië (1,8%).

Leiders. Het bruto nationaal inkomen van Micronesië in de jaren 1990 bestond uit: FS van Micronesië (39,7%), Marshalleilanden (23,9%), Palau (17,3%), Kiribati (12,2%), Nauru (7,0%). Het BNI per hoofd in Micronesië onder de leiders: Palau ($5.523,7), Nauru ($3.649,3), Marshalleilanden ($2.594,7), FS van Micronesië ($2.045,9) en Kiribati ($848,7). De groei van het BNI onder de leiders: Kiribati (3,8%), Palau (2,4%), Marshalleilanden (1,4%), FS van Micronesië (1,1%) en Nauru (-10,7%).

de jaren 2000

Het bruto nationaal inkomen van Micronesië bedroeg in de jaren 2000 US$780,9 miljoen per jaar, en was vergelijkbaar met Sint Maarten (US$768,2 miljoen), Djibouti (US$795,9 miljoen). Het aandeel in de wereld was 0,0017%, en 0,098% in Oceanië.

Het BNI per hoofd in Micronesië was $2.776,5 in de jaren 2000s, en was vergelijkbaar met Ecuador (US$2,8 duizend), Turkmenistan (US$2,7 duizend). Het bruto nationaal inkomen per hoofd in Micronesië was in 2,6 keer lager dan het bruto nationaal inkomen per hoofd van de bevolking in de wereld ($7.165,2), en was in 8,7 keer lager dan het bruto nationaal inkomen per hoofd van de bevolking in Oceanië ($7.165,2).

De groei van het BNI in Micronesië bedroeg 1.2% in de jaren 2000, en was vergelijkbaar met Denemarken (1,2%). De groei van het BNI in Micronesië (1,2%) was minder dan de groei van het BNI in de wereld (3,0%), was minder dan de groei van het bruto nationaal inkomen in Oceanië (2,9%).

Vergelijking met subregio's. Het bruto nationaal inkomen van Micronesië was minder dan in Australazië (US$776,6 miljard), in Melanesië (US$16,7 miljard) en in Polynesië (US$6,2 miljard). Het BNI per hoofd in Micronesië was in Micronesië groter dan in Melanesië (US$2,0 duizend); maar minder dan in Australazië (US$32,0 duizend) en in Polynesië (US$11,1 duizend). De groei van het bruto nationaal inkomen in Micronesië was minder dan in Australazië (3,0%), in Melanesië (2,1%) en in Polynesië (1,6%).

Leiders. Het bruto nationaal inkomen van Micronesië in de jaren 2000 bestond uit: FS van Micronesië (33,1%), Palau (23,1%), Marshalleilanden (22,5%), Kiribati (17,7%), Nauru (3,8%). Het bruto nationaal inkomen per hoofd in Micronesië onder de leiders: Palau ($9.318,1), Marshalleilanden ($3.238,0), Nauru ($2.931,9), Federale Staten van Micronesië ($2.440,7) en Kiribati ($1.499,3). De groei van het BNI onder de leiders: Palau (2,1%), Kiribati (1,9%), Marshalleilanden (1,4%), Federale Staten van Micronesië (0,75%) en Nauru (-1,7%).

de jaren 2010

Het bruto nationaal inkomen van Micronesië bedroeg in de jaren 2010 US$1,3 miljard per jaar, en was vergelijkbaar met Antigua en Barbuda (US$1,3 miljard). Het aandeel in de wereld was 0,0017%, en 0,082% in Oceanië.

Het BNI per hoofd in Micronesië was $4.359,7 in de jaren 2010s, en was vergelijkbaar met Belize (US$4,3 duizend), Tonga (US$4,5 duizend). Het bruto nationaal inkomen per hoofd in Micronesië was in 2,4 keer lager dan het bruto nationaal inkomen per hoofd van de bevolking in de wereld ($10.611,7), en was in 9,4 keer lager dan het bruto nationaal inkomen per hoofd van de bevolking in Oceanië ($10.611,7).

De groei van het bruto nationaal inkomen in Micronesië bedroeg 3.6% in de jaren 2010, en was vergelijkbaar met West-Afrika (3,6%), Chili (3,6%), Guatemala (3,6%). De groei van het BNI in Micronesië (3,6%) was groter dan de groei van het bruto nationaal inkomen in de wereld (3,1%), was groter dan de groei van het BNI in Oceanië (2,7%).

Vergelijking met subregio's. Het bruto nationaal inkomen van Micronesië was 1.182,2 keer minder dan in Australazië (US$1,6 biljoen), 27,4 keer minder dan in Melanesië (US$36,3 miljard) en 5,7 keer minder dan in Polynesië (US$7,5 miljard). Het BNI per hoofd in Micronesië was in Micronesië20,6% groter dan in Melanesië (US$3,6 duizend); maar 12,7 keer minder dan in Australazië (US$55,3 duizend) en 2,9 keer minder dan in Polynesië (US$12,6 duizend). De groei van het bruto nationaal inkomen in Micronesië was groter dan in Australazië (2,6%) en in Polynesië (0,96%); maar minder dan in Melanesië (4,8%).

Leiders. Het BNI van Micronesië in de jaren 2010 bestond uit: FS van Micronesië (28,0%), Kiribati (24,2%), Palau (20,1%),

Marshalleilanden (18,2%), Nauru (9,5%). Het bruto nationaal inkomen per hoofd in Micronesië onder de leiders: Palau ($14.985,3), Nauru ($12.105,2), Marshalleilanden ($4.211,6), Federale Staten van Micronesië ($3.434,3) en Kiribati ($2.904,5). De groei van het BNI onder de leiders: Nauru (12,8%), Kiribati (6,6%), Marshalleilanden (3,6%), Palau (1,5%) en FS van Micronesië (1,2%).

Part II. Structuur

	de jaren 2010
landbouw	17,3%
industrie	8,1%
constructie	5,2%
handel	17,0%
vervoer	9,6%
diensten	42,8%

Hoofdstuk IV. Landbouw

Landbouw, jacht, bosbouw, vissen (ISIC A-B)

De sector van de landbouw in Micronesië steeg van US$23,4 miljoen per jaar in de jaren 1970 tot US$178,6 miljoen per jaar in de jaren 2010, dat wil zeggen met US$155,2 miljoen of 7,6 keer. De verandering vond plaats op US$133,2 miljoen als gevolg van een 3,9-voudige stijging van de prijzen, en ook op US$1,9 miljoen als gevolg van een 1,0-voudige toename van de productiviteit , evenals op US$20,1 miljoen als gevolg van de toename van de bevolking. De gemiddelde jaarlijkse groei van de landbouw is 2,2%. De minimumwaarde van de landbouw bedroeg US$11,0 miljoen in 1970. De maximumwaarde van de landbouw bedroeg US$212,4 miljoen in 2019.

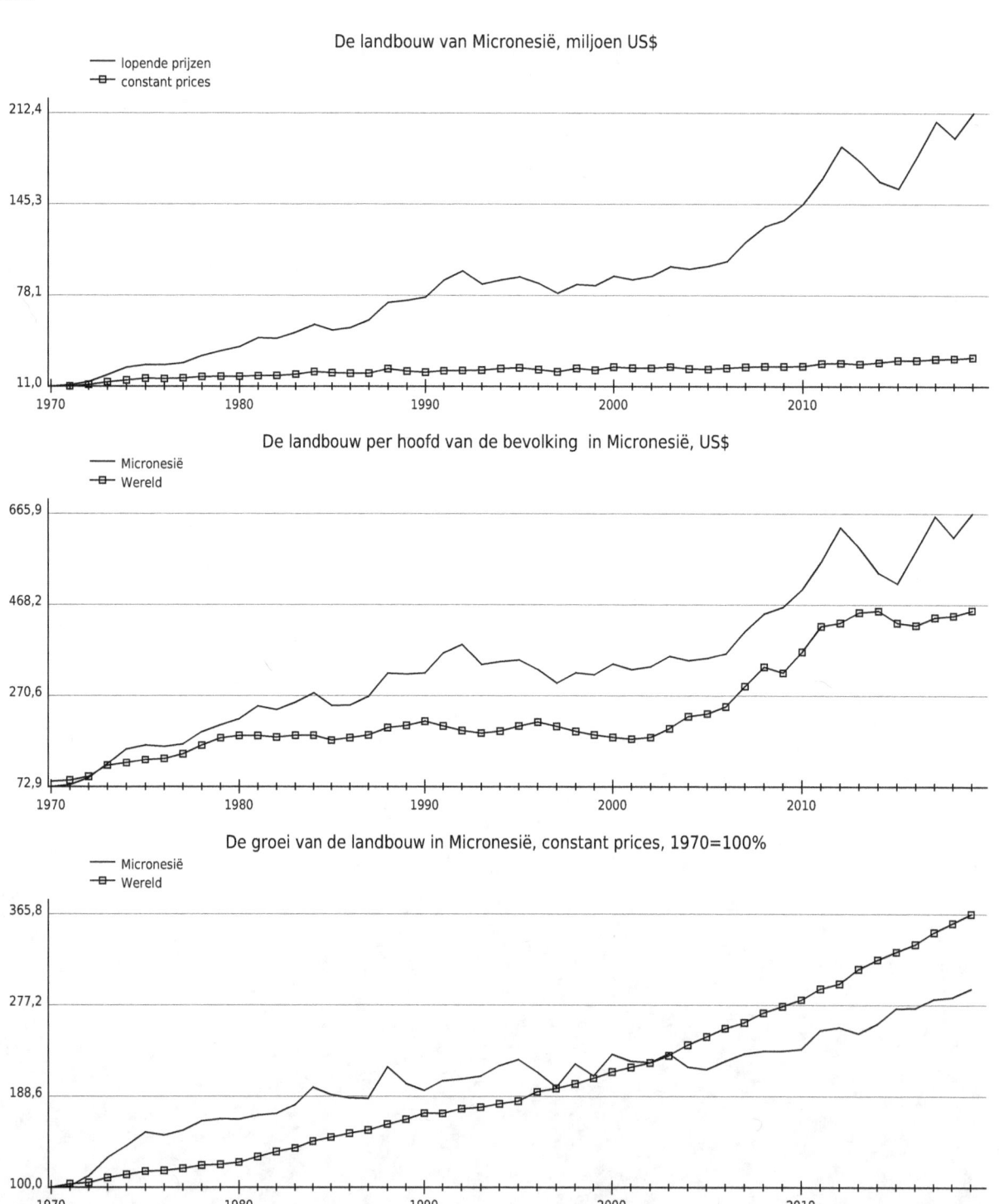

De landbouw van Micronesië, miljoen US$

De landbouw per hoofd van de bevolking in Micronesië, US$

De groei van de landbouw in Micronesië, constant prices, 1970=100%

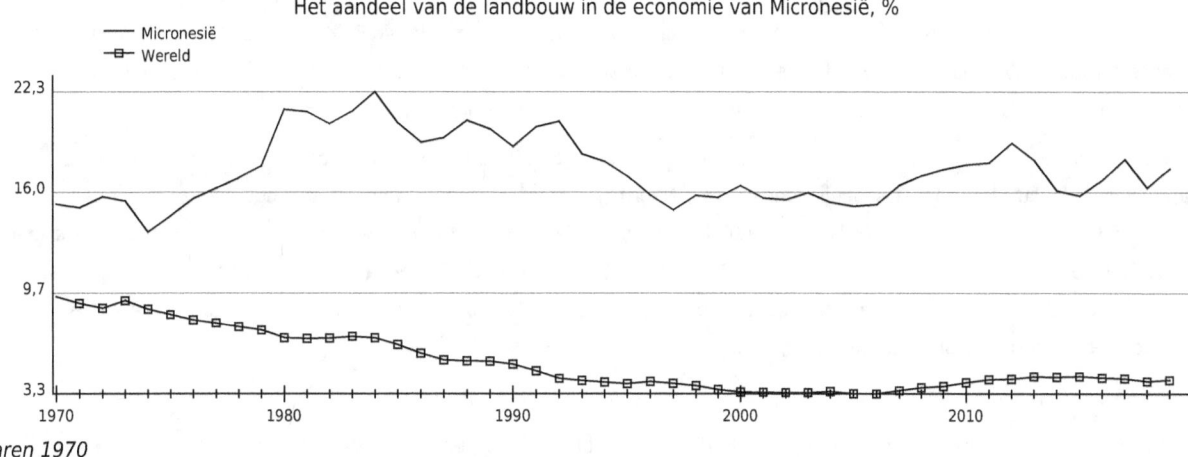

de jaren 1970

De landbouw van Micronesië bedroeg in de jaren 1970 US$23,4 miljoen per jaar, en was vergelijkbaar met Nieuw-Caledonië (US$23,8 miljoen), de Bahama's (US$23,0 miljoen), de Comoren (US$23,8 miljoen). Het aandeel in de wereld was 0,0045%, en 0,29% in Oceanië.

Het aandeel van de landbouw in de economie van Micronesië was 15,7% in de jaren 1970, en was vergelijkbaar met Tuvalu (15,6%), Hongarije (15,8%), Kiribati (15,5%).

De landbouw per hoofd in Micronesië was $142,9 in de jaren 1970s, en was vergelijkbaar met Dominica (US$141,6), Cuba (US$144,7), Belize (US$144,7). De waarde van de landbouw per hoofd in Micronesië was 12,0% hoger dan de landbouw per hoofd van de bevolking in de wereld ($127,6), en was in 2,6 keer lager dan de landbouw per hoofd van de bevolking in Oceanië ($127,6).

De groei van de landbouw in Micronesië bedroeg 5.8% in de jaren 1970, en was vergelijkbaar met Roemenië (5,8%). De groei van de landbouw in Micronesië (5,8%) was groter dan de groei van de landbouw in de wereld (2,2%), was groter dan de groei van de landbouw in Oceanië (2,4%).

Vergelijking met subregio's. De sector van de landbouw in Micronesië was minder dan in Australazië (US$7,3 miljard), in Melanesië (US$685,6 miljoen) en in Polynesië (US$76,7 miljoen). De waarde van de landbouw per hoofd in Micronesië was in Micronesië minder dan in Australazië (US$435,8), in Polynesië (US$194,6) en in Melanesië (US$167,3). De groei van de landbouw in Micronesië was groter dan in Melanesië (3,0%), in Australazië (2,3%) en in Polynesië (1,7%).

Leiders. De toegevoegde waarde van de landbouw in Micronesië in de jaren 1970 bestond uit: FS van Micronesië (43,0%), Kiribati (30,1%), Palau (12,6%), Nauru (8,2%), Marshalleilanden (6,1%). Het aandeel van de landbouw in economie van de leiders: Federale Staten van Micronesië (24,5%), Palau (17,1%), Kiribati (15,5%), Marshalleilanden (9,7%) en Nauru (6,2%). De toegevoegde waarde van de landbouw per hoofd in Micronesië onder de leiders: Nauru ($271,0), Palau ($235,8), Federale Staten van Micronesië ($156,2), Kiribati ($128,7) en Marshalleilanden ($57,0). De groei van de landbouw onder de leiders: Kiribati (8,8%), Marshalleilanden (6,6%), FS van Micronesië (6,6%), Nauru (1,1%) en Palau (0,15%).

de jaren 1980

De toegevoegde waarde van de landbouw in Micronesië bedroeg in de jaren 1980 US$55,3 miljoen per jaar, en was vergelijkbaar met Lesotho (US$54,8 miljoen), Qatar (US$56,2 miljoen), Malta (US$56,4 miljoen). Het aandeel in de wereld was 0,0061%, en 0,41% in Oceanië.

Het aandeel van de landbouw in de economie van Micronesië was 20,4% in de jaren 1980, en was vergelijkbaar met de Filipijnen (20,6%).

De waarde van de landbouw per hoofd in Micronesië was $266,5 in de jaren 1980s, en was vergelijkbaar met Cuba (US$262,5), Ghana (US$271,9). De sector van de landbouw per hoofd in Micronesië was 42,8% hoger dan de landbouw per hoofd van de bevolking in de wereld ($186,6), en was in 2,0 keer lager dan de landbouw per hoofd van de bevolking in Oceanië ($186,6).

De groei van de landbouw in Micronesië bedroeg 1.9% in de jaren 1980, en was vergelijkbaar met Italië (1,9%), de Centraal-Afrikaanse Republiek (1,9%). De groei van de landbouw in Micronesië (1,9%) was minder dan de groei van de landbouw in de wereld (3,1%), was minder dan de groei van de landbouw in Oceanië (2,0%).

Vergelijking met subregio's. De sector van de landbouw in Micronesië was minder dan in Australazië (US$12,1 miljard), in Melanesië (US$1,2 miljard) en in Polynesië (US$156,3 miljoen). De sector van de landbouw per hoofd in Micronesië was in Micronesië groter dan in Melanesië (US$236,5); maar minder dan in Australazië (US$640,5) en in Polynesië (US$344,6). De groei van de landbouw in Micronesië was minder dan in Polynesië (2,6%), in Australazië (2,0%) en in Melanesië (2,0%).

Leiders. De toegevoegde waarde van de landbouw in Micronesië in de jaren 1980 bestond uit: Federale Staten van Micronesië (44,5%), Kiribati (26,6%), Palau (16,2%), Marshalleilanden (7,9%), Nauru (4,7%). Het aandeel van de landbouw in economie van de leiders: Kiribati (44,5%), FS van Micronesië (24,5%), Palau (18,4%), Marshalleilanden (9,7%) en Nauru (6,0%). De toegevoegde waarde van de landbouw per hoofd in Micronesië onder de leiders: Palau ($671,6), Nauru ($308,7), FS van Micronesië ($293,6), Kiribati ($229,4) en Marshalleilanden ($116,3). De groei van de landbouw onder de leiders: Marshalleilanden (5,3%), Palau (3,3%), Federale Staten van Micronesië (2,9%), Kiribati (0,88%) en Nauru (-2,4%).

de jaren 1990

De landbouw van Micronesië bedroeg in de jaren 1990 US$86,8 miljoen per jaar, en was vergelijkbaar met Malta (US$88,2 miljoen), de Bahama's (US$88,6 miljoen). Het aandeel in de wereld was 0,0076%, en 0,49% in Oceanië.

Het aandeel van de landbouw in de economie van Micronesië was 17,3% in de jaren 1990, en was vergelijkbaar met Groenland (17,5%).

De landbouw per hoofd in Micronesië was $335,0 in de jaren 1990s, en was vergelijkbaar met Saint Lucia (US$338,0), de Salomonseilanden (US$343,3). De waarde van de landbouw per hoofd in Micronesië was 67,7% hoger dan de landbouw per hoofd van de bevolking in de wereld ($199,8), en was 45,0% lager dan de landbouw per hoofd van de bevolking in Oceanië ($199,8).

De groei van de landbouw in Micronesië bedroeg 0.4% in de jaren 1990. De groei van de landbouw in Micronesië (0,37%) was minder dan de groei van de landbouw in de wereld (2,2%), was minder dan de groei van de landbouw in Oceanië (3,7%).

Vergelijking met subregio's. De sector van de landbouw in Micronesië was minder dan in Australazië (US$15,4 miljard), in Melanesië (US$1,9 miljard) en in Polynesië (US$283,4 miljoen). De waarde van de landbouw per hoofd in Micronesië was in Micronesië groter dan in Melanesië (US$281,0); maar minder dan in Australazië (US$714,2) en in Polynesië (US$556,0). De groei van de landbouw in Micronesië was minder dan in Melanesië (4,0%), in Australazië (3,7%) en in Polynesië (0,66%).

Leiders. De waarde van de landbouw in Micronesië in de jaren 1990 bestond uit: FS van Micronesië (55,5%), Kiribati (15,6%), Palau (15,5%), Marshalleilanden (10,7%), Nauru (2,8%). Het aandeel van de landbouw in economie van de leiders: Kiribati (25,4%), FS van Micronesië (24,7%), Palau (11,2%), Marshalleilanden (9,8%) en Nauru (6,2%). De sector van de landbouw per hoofd in Micronesië onder de leiders: Palau ($795,0), Federale Staten van Micronesië ($460,1), Nauru ($234,2), Marshalleilanden ($186,0) en Kiribati ($174,5). De groei van de landbouw onder de leiders: Palau (3,2%), Federale Staten van Micronesië (1,9%), Marshalleilanden (0,85%), Kiribati (-1,1%) en Nauru (-13,3%).

de jaren 2000

De toegevoegde waarde van de landbouw in Micronesië bedroeg in de jaren 2000 US$105,4 miljoen per jaar. Het aandeel in de wereld was 0,0067%, en 0,39% in Oceanië.

Het aandeel van de landbouw in de economie van Micronesië was 16,0% in de jaren 2000, en was vergelijkbaar met Groenland (16,1%).

De toegevoegde waarde van de landbouw per hoofd in Micronesië was $374,6 in de jaren 2000s, en was vergelijkbaar met Syrië (US$374,6), Palau (US$375,1), Fiji (US$376,1). De sector van de landbouw per hoofd in Micronesië was 55,9% hoger dan de landbouw per hoofd van de bevolking in de wereld ($240,3), en was in 2,2 keer lager dan de landbouw per hoofd van de bevolking in Oceanië ($240,3).

De groei van de landbouw in Micronesië bedroeg 1.1% in de jaren 2000, en was vergelijkbaar met de Maldiven (1,1%). De groei van de landbouw in Micronesië (1,1%) was minder dan de groei van de landbouw in de wereld (3,0%), was minder dan de groei van de landbouw in Oceanië (1,5%).

Vergelijking met subregio's. De sector van de landbouw in Micronesië was minder dan in Australazië (US$24,2 miljard), in Melanesië (US$2,2 miljard) en in Polynesië (US$274,2 miljoen). De landbouw per hoofd in Micronesië was in Micronesië groter dan in Melanesië (US$273,0); maar minder dan in Australazië (US$998,8) en in Polynesië (US$486,1). De groei van de landbouw in Micronesië was groter dan in Polynesië (-2,6%); maar minder dan in Australazië (1,6%) en in Melanesië (1,4%).

Leiders. De sector van de landbouw in Micronesië in de jaren 2000 bestond uit: FS van Micronesië (56,4%), Kiribati (22,7%), Marshalleilanden (12,2%), Palau (6,9%), Nauru (1,8%). Het aandeel van de landbouw in economie van de leiders: FS van Micronesië (25,2%), Kiribati (24,1%), Marshalleilanden (10,0%), Nauru (6,5%) en Palau (4,4%). De toegevoegde waarde van de landbouw per hoofd in Micronesië onder de leiders: FS van Micronesië ($562,0), Palau ($375,1), Kiribati ($260,2), Marshalleilanden ($237,5) en Nauru ($186,5). De groei van de landbouw onder de leiders: Marshalleilanden (4,3%), Federale Staten van Micronesië (0,97%), Kiribati (0,84%), Palau (-0,49%) en Nauru (-4,3%).

de jaren 2010

De toegevoegde waarde van de landbouw in Micronesië bedroeg in de jaren 2010 US$178,6 miljoen per jaar, en was vergelijkbaar met Frans-Polynesië (US$174,6 miljoen). Het aandeel in de wereld was 0,0056%, en 0,37% in Oceanië.

Het aandeel van de landbouw in de economie van Micronesië was 17,3% in de jaren 2010, en was vergelijkbaar met Eritrea (17,4%), Groenland (17,4%).

De landbouw per hoofd in Micronesië was $587,6 in de jaren 2010s, en was vergelijkbaar met Oostenrijk (US$588,6), Noord-Amerika (US$593,8), Turkmenistan (US$594,4). De sector van de landbouw per hoofd in Micronesië was 36,0% hoger dan de landbouw per hoofd van de bevolking in de wereld ($432,1), en was in 2,1 keer lager dan de landbouw per hoofd van de bevolking in Oceanië ($432,1).

De groei van de landbouw in Micronesië bedroeg 2.3% in de jaren 2010, en was vergelijkbaar met Tunesië (2,3%), Roemenië (2,3%), Jordanië (2,4%). De groei van de landbouw in Micronesië (2,3%) was minder dan de groei van de landbouw in de wereld (2,9%), was groter dan de groei van de landbouw in Oceanië (-0,30%).

Vergelijking met subregio's. De toegevoegde waarde van de landbouw in Micronesië was 242,4 keer minder dan in Australazië (US$43,3 miljard), 27,7 keer minder dan in Melanesië (US$5,0 miljard) en 47,9% minder dan in Polynesië (US$342,7 miljoen). De toegevoegde waarde van de landbouw per hoofd in Micronesië was in Micronesië2,2% groter dan in Polynesië (US$574,9) en 19,1% groter dan in Melanesië (US$493,3); maar 2,6 keer minder dan in Australazië (US$1.528,8). De groei van de landbouw in Micronesië was groter dan in Polynesië (-0,36%) en in Australazië (-0,72%); maar minder dan in Melanesië (2,9%).

Leiders. De sector van de landbouw in Micronesië in de jaren 2010 bestond uit: FS van Micronesië (49,4%), Kiribati (26,4%), Marshalleilanden (17,9%), Palau (4,6%), Nauru (1,6%). Het aandeel van de landbouw in economie van de leiders: FS van Micronesië (27,6%), Kiribati (25,4%), Marshalleilanden (16,8%), Palau (3,7%) en Nauru (2,5%). De toegevoegde waarde van de landbouw per hoofd in Micronesië onder de leiders: FS van Micronesië ($816,2), Marshalleilanden ($557,6), Palau ($464,4), Kiribati ($427,8) en Nauru ($279,5). De groei van de landbouw onder de leiders: Marshalleilanden (5,0%), Nauru (4,6%), Kiribati (4,1%), FS van Micronesië (1,0%) en Palau (-1,2%).

Hoofdstuk V. Industrie

Mijnbouw, productie, nutsbedrijven (ISIC C-E)

De waarde van de industrie in Micronesië steeg van US$34,4 miljoen per jaar in de jaren 1970 tot US$83,8 miljoen per jaar in de jaren 2010, dat wil zeggen met US$49,4 miljoen of 2,4 keer. De verandering vond plaats op US$70,4 miljoen als gevolg van een 6,2-voudige stijging van de prijzen, en ook op -US$50,5 miljoen als gevolg van een 4,8-voudige afname van de productiviteit , evenals op US$29,5 miljoen als gevolg van de toename van de bevolking. De gemiddelde jaarlijkse groei van de industrie is -0,81%. De minimumwaarde van de industrie bedroeg US$14,9 miljoen in 1970. De maximumwaarde van de industrie bedroeg US$97,4 miljoen in 2019.

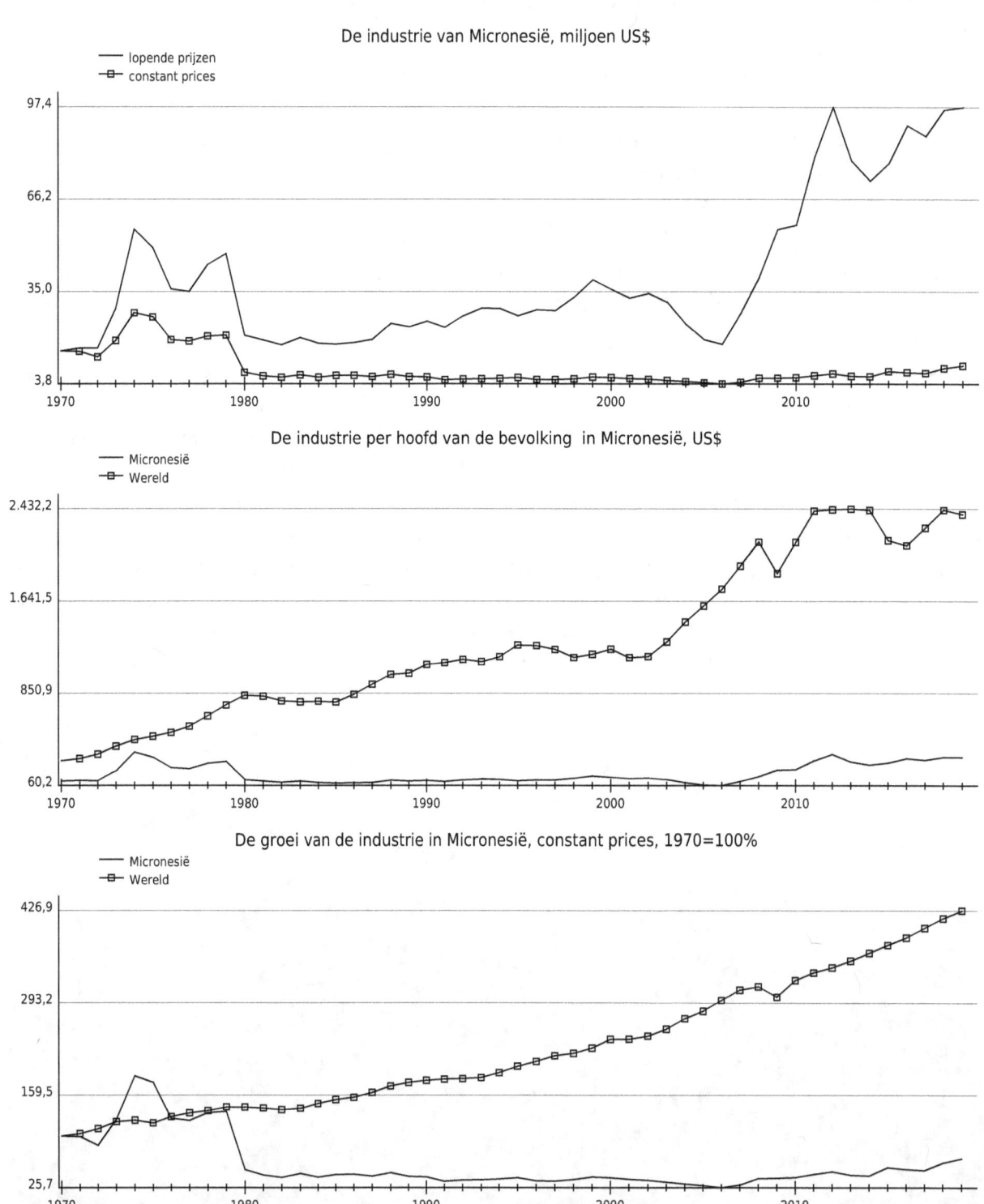

De industrie van Micronesië, miljoen US$

De industrie per hoofd van de bevolking in Micronesië, US$

De groei van de industrie in Micronesië, constant prices, 1970=100%

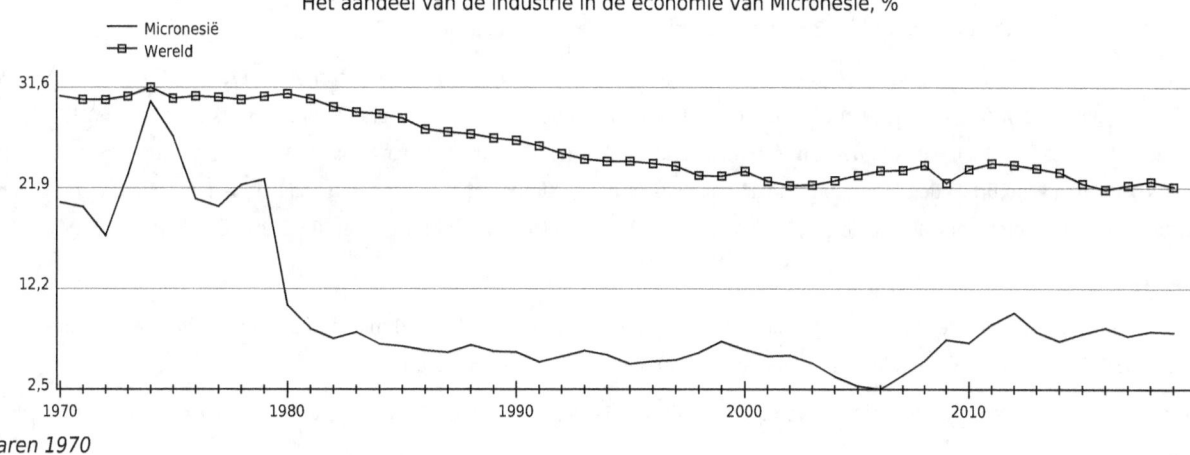

Het aandeel van de industrie in de economie van Micronesië, %

de jaren 1970

De sector van de industrie in Micronesië bedroeg in de jaren 1970 US$34,4 miljoen per jaar, en was vergelijkbaar met Burundi (US$33,8 miljoen). Het aandeel in de wereld was 0,0018%, en 0,11% in Oceanië.

Het aandeel van de industrie in de economie van Micronesië was 23,1% in de jaren 1970, en was vergelijkbaar met Kenia (23,1%), Guinee (23,3%).

De industrie per hoofd in Micronesië was $210,5 in de jaren 1970s, en was vergelijkbaar met Peru (US$210,2), Noord-Korea (US$211,4), Noord-Afrika (US$205,8). De industrie per hoofd in Micronesië was in 2,3 keer lager dan de industrie per hoofd van de bevolking in de wereld ($480,5), en was in 6,7 keer lager dan de industrie per hoofd van de bevolking in Oceanië ($480,5).

De groei van de industrie in Micronesië bedroeg 3.5% in de jaren 1970, en was vergelijkbaar met Bermuda (3,5%), Ethiopië (3,5%). De groei van de industrie in Micronesië (3,5%) was minder dan de groei van de industrie in de wereld (4,0%), was groter dan de groei van de industrie in Oceanië (3,0%).

Vergelijking met subregio's. De industrie van Micronesië was minder dan in Australazië (US$29,4 miljard), in Melanesië (US$672,9 miljoen) en in Polynesië (US$65,8 miljoen). De industrie per hoofd in Micronesië was in Micronesië groter dan in Polynesië (US$167,1) en in Melanesië (US$164,2); maar minder dan in Australazië (US$1.761,4). De groei van de industrie in Micronesië was groter dan in Australazië (3,0%), in Polynesië (2,4%) en in Melanesië (1,3%).

Leiders. De toegevoegde waarde van de industrie in Micronesië in de jaren 1970 bestond uit: Kiribati (70,3%), Nauru (24,3%), Federale Staten van Micronesië (4,0%), Palau (1,2%), Marshalleilanden (0,16%). Het aandeel van de industrie in economie van de leiders: Kiribati (53,3%), Nauru (27,0%), Federale Staten van Micronesië (3,4%), Palau (2,5%) en Marshalleilanden (0,37%). De toegevoegde waarde van de industrie per hoofd in Micronesië onder de leiders: Nauru ($1.178,5), Kiribati ($441,6), Palau ($34,1), FS van Micronesië ($21,5) en Marshalleilanden ($2,2). De groei van de industrie onder de leiders: Marshalleilanden (6,6%), Federale Staten van Micronesië (6,6%), Kiribati (5,8%), Palau (0,14%) en Nauru (-1,2%).

de jaren 1980

De industrie van Micronesië bedroeg in de jaren 1980 US$19,4 miljoen per jaar. Het aandeel in de wereld was 0,0005%, en 0,030% in Oceanië.

Het aandeel van de industrie in de economie van Micronesië was 7,1% in de jaren 1980.

De industrie per hoofd in Micronesië was $93,2 in de jaren 1980s. De toegevoegde waarde van de industrie per hoofd in Micronesië was in 9,2 keer lager dan de industrie per hoofd van de bevolking in de wereld ($861,8), en was in 27,6 keer lager dan de industrie per hoofd van de bevolking in Oceanië ($861,8).

De groei van de industrie in Micronesië bedroeg -11.2% in de jaren 1980, en was vergelijkbaar met de Cookeilanden (-11,2%). De groei van de industrie in Micronesië (-11,2%) was minder dan de groei van de industrie in de wereld (2,3%), was minder dan de groei van de industrie in Oceanië (2,9%).

Vergelijking met subregio's. De sector van de industrie in Micronesië was minder dan in Australazië (US$62,4 miljard), in Melanesië (US$1,1 miljard) en in Polynesië (US$201,9 miljoen). De toegevoegde waarde van de industrie per hoofd in Micronesië was in

Micronesië minder dan in Australazië (US$3,3 duizend), in Polynesië (US$445,3) en in Melanesië (US$214,9). De groei van de industrie in Micronesië was minder dan in Polynesië (3,8%), in Australazië (2,9%) en in Melanesië (2,1%).

Leiders. De industrie van Micronesië in de jaren 1980 bestond uit: Nauru (64,4%), FS van Micronesië (17,6%), Kiribati (10,2%), Palau (6,9%), Marshalleilanden (0,84%). Het aandeel van de industrie in economie van de leiders: Nauru (28,9%), Kiribati (6,0%), Federale Staten van Micronesië (3,4%), Palau (2,8%) en Marshalleilanden (0,36%). De industrie per hoofd in Micronesië onder de leiders: Nauru ($1.475,4), Palau ($100,6), Federale Staten van Micronesië ($40,5), Kiribati ($30,8) en Marshalleilanden ($4,3). De groei van de industrie onder de leiders: Marshalleilanden (5,2%), Palau (3,6%), FS van Micronesië (2,9%), Nauru (-3,9%) en Kiribati (-28,1%).

de jaren 1990

De toegevoegde waarde van de industrie in Micronesië bedroeg in de jaren 1990 US$29,0 miljoen per jaar, en was vergelijkbaar met de Maldiven (US$29,0 miljoen). Het aandeel in de wereld was 0,0004%, en 0,033% in Oceanië.

Het aandeel van de industrie in de economie van Micronesië was 5,8% in de jaren 1990, en was vergelijkbaar met Antigua en Barbuda (5,8%).

De toegevoegde waarde van de industrie per hoofd in Micronesië was $111,8 in de jaren 1990s, en was vergelijkbaar met Albanië (US$110,7). De toegevoegde waarde van de industrie per hoofd in Micronesië was in 10,5 keer lager dan de industrie per hoofd van de bevolking in de wereld ($1.175,6), en was in 27,5 keer lager dan de industrie per hoofd van de bevolking in Oceanië ($1.175,6).

De groei van de industrie in Micronesië bedroeg -0.1% in de jaren 1990. De groei van de industrie in Micronesië (-0,11%) was minder dan de groei van de industrie in de wereld (2,5%), was minder dan de groei van de industrie in Oceanië (2,3%).

Vergelijking met subregio's. De waarde van de industrie in Micronesië was minder dan in Australazië (US$86,3 miljard), in Melanesië (US$2,2 miljard) en in Polynesië (US$392,8 miljoen). De waarde van de industrie per hoofd in Micronesië was in Micronesië minder dan in Australazië (US$4,0 duizend), in Polynesië (US$770,7) en in Melanesië (US$334,4). De groei van de industrie in Micronesië was minder dan in Melanesië (5,4%), in Australazië (2,2%) en in Polynesië (0,84%).

Leiders. De sector van de industrie in Micronesië in de jaren 1990 bestond uit: Nauru (35,4%), Federale Staten van Micronesië (25,2%), Palau (15,3%), Kiribati (14,0%), Marshalleilanden (10,1%). Het aandeel van de industrie in economie van de leiders: Nauru (26,5%), Kiribati (7,6%), Federale Staten van Micronesië (3,7%), Palau (3,7%) en Marshalleilanden (3,1%). De industrie per hoofd in Micronesië onder de leiders: Nauru ($995,1), Palau ($261,2), FS van Micronesië ($69,8), Marshalleilanden ($59,1) en Kiribati ($52,4). De groei van de industrie onder de leiders: Marshalleilanden (9,3%), Palau (7,3%), Kiribati (5,0%), Federale Staten van Micronesië (2,2%) en Nauru (-6,3%).

de jaren 2000

De industrie van Micronesië bedroeg in de jaren 2000 US$31,8 miljoen per jaar. Het aandeel in de wereld was 0,0003%, en 0,021% in Oceanië.

Het aandeel van de industrie in de economie van Micronesië was 4,8% in de jaren 2000, en was vergelijkbaar met de Marshalleilanden (4,9%), Montserrat (4,9%).

De waarde van de industrie per hoofd in Micronesië was $113,0 in de jaren 2000s, en was vergelijkbaar met Benin (US$111,7), Oezbekistan (US$115,7). De sector van de industrie per hoofd in Micronesië was in 13,9 keer lager dan de industrie per hoofd van de bevolking in de wereld ($1.573,8), en was in 40,4 keer lager dan de industrie per hoofd van de bevolking in Oceanië ($1.573,8).

De groei van de industrie in Micronesië bedroeg -0.5% in de jaren 2000. De groei van de industrie in Micronesië (-0,53%) was minder dan de groei van de industrie in de wereld (2,9%), was minder dan de groei van de industrie in Oceanië (1,8%).

Vergelijking met subregio's. De industrie van Micronesië was minder dan in Australazië (US$148,3 miljard), in Melanesië (US$3,4 miljard) en in Polynesië (US$490,9 miljoen). De sector van de industrie per hoofd in Micronesië was in Micronesië minder dan in Australazië (US$6,1 duizend), in Polynesië (US$870,2) en in Melanesië (US$411,7). De groei van de industrie in Micronesië was minder dan in Australazië (1,9%), in Polynesië (0,25%) en in Melanesië (-0,33%).

Leiders. De sector van de industrie in Micronesië in de jaren 2000 bestond uit: Nauru (25,8%), FS van Micronesië (22,6%), Palau (20,6%), Marshalleilanden (19,8%), Kiribati (19,0%). Het aandeel van de industrie in economie van de leiders: Nauru (28,4%), Kiribati (6,1%), Marshalleilanden (4,9%), Palau (4,0%) en FS van Micronesië (3,0%). De sector van de industrie per hoofd in Micronesië onder de leiders: Nauru ($820,0), Palau ($338,0), Marshalleilanden ($115,9), Federale Staten van Micronesië ($67,9) en Kiribati ($65,8). De groei van de industrie onder de leiders: Marshalleilanden (3,4%), Kiribati (1,5%), Nauru (0,23%), Palau (-1,7%) en FS van Micronesië (-4,3%).

de jaren 2010

De industrie van Micronesië bedroeg in de jaren 2010 US$83,8 miljoen per jaar, en was vergelijkbaar met Samoa (US$85,1 miljoen). Het aandeel in de wereld was 0,0005%, en 0,030% in Oceanië.

Het aandeel van de industrie in de economie van Micronesië was 8,1% in de jaren 2010, en was vergelijkbaar met Aruba (8,1%), Antigua en Barbuda (8,1%), Liberia (8,0%).

De sector van de industrie per hoofd in Micronesië was $275,7 in de jaren 2010s, en was vergelijkbaar met Jemen (US$273,3), Soedan (US$278,7), Zimbabwe (US$280,0). De sector van de industrie per hoofd in Micronesië was in 8,4 keer lager dan de industrie per hoofd van de bevolking in de wereld ($2.320,9), en was in 25,9 keer lager dan de industrie per hoofd van de bevolking in Oceanië ($2.320,9).

De groei van de industrie in Micronesië bedroeg 5.6% in de jaren 2010, en was vergelijkbaar met Azië (5,6%), Vietnam (5,6%), Moldavië (5,6%). De groei van de industrie in Micronesië (5,6%) was groter dan de groei van de industrie in de wereld (3,5%), was groter dan de groei van de industrie in Oceanië (2,6%).

Vergelijking met subregio's. De sector van de industrie in Micronesië was 3.244,6 keer minder dan in Australazië (US$271,9 miljard), 86,6 keer minder dan in Melanesië (US$7,3 miljard) en 6,9 keer minder dan in Polynesië (US$578,7 miljoen). De toegevoegde waarde van de industrie per hoofd in Micronesië was in Micronesië34,8 keer minder dan in Australazië (US$9,6 duizend), 3,5 keer minder dan in Polynesië (US$970,8) en 2,6 keer minder dan in Melanesië (US$722,6). De groei van de industrie in Micronesië was groter dan in Australazië (2,4%) en in Polynesië (0,44%); maar minder dan in Melanesië (8,4%).

Leiders. De waarde van de industrie in Micronesië in de jaren 2010 bestond uit: Nauru (49,8%), Marshalleilanden (15,1%), Kiribati (12,6%), Palau (11,4%), FS van Micronesië (11,1%). Het aandeel van de industrie in economie van de leiders: Nauru (36,4%), Marshalleilanden (6,6%), Kiribati (5,7%), Palau (4,3%) en FS van Micronesië (2,9%). De industrie per hoofd in Micronesië onder de leiders: Nauru ($4.032,1), Palau ($536,7), Marshalleilanden ($220,0), Kiribati ($96,1) en Federale Staten van Micronesië ($85,8). De groei van de industrie onder de leiders: Marshalleilanden (11,5%), Nauru (6,7%), Federale Staten van Micronesië (1,8%), Kiribati (1,1%) en Palau (0,28%).

Hoofdstuk 5.1. Fabricage

(ISIC D)

De waarde van de fabricage in Micronesië steeg van US$1,6 miljoen per jaar in de jaren 1970 tot US$39,8 miljoen per jaar in de jaren 2010, dat wil zeggen met US$38,3 miljoen of 25,6 keer. De verandering vond plaats op US$35,3 miljoen als gevolg van een 8,7-voudige stijging van de prijzen, en ook op US$1,7 miljoen als gevolg van een 1,6-voudige toename van de productiviteit , evenals op US$1,3 miljoen als gevolg van de toename van de bevolking. De gemiddelde jaarlijkse groei van de fabricage is 3,1%. De minimumwaarde van de fabricage bedroeg US$655,2 duizend in 1970. De maximumwaarde van de fabricage bedroeg US$55,5 miljoen in 2012.

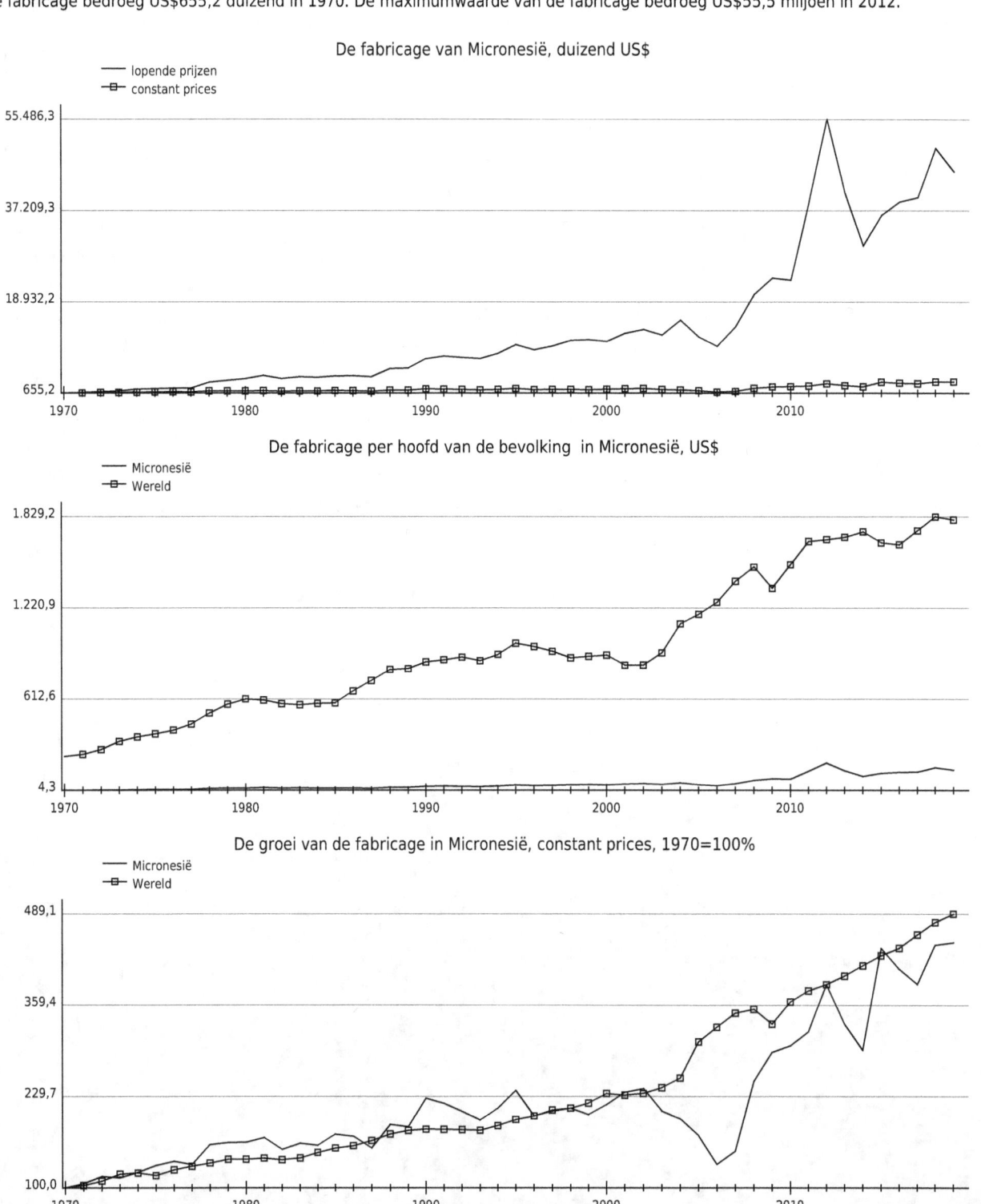

De fabricage van Micronesië, duizend US$

De fabricage per hoofd van de bevolking in Micronesië, US$

De groei van de fabricage in Micronesië, constant prices, 1970=100%

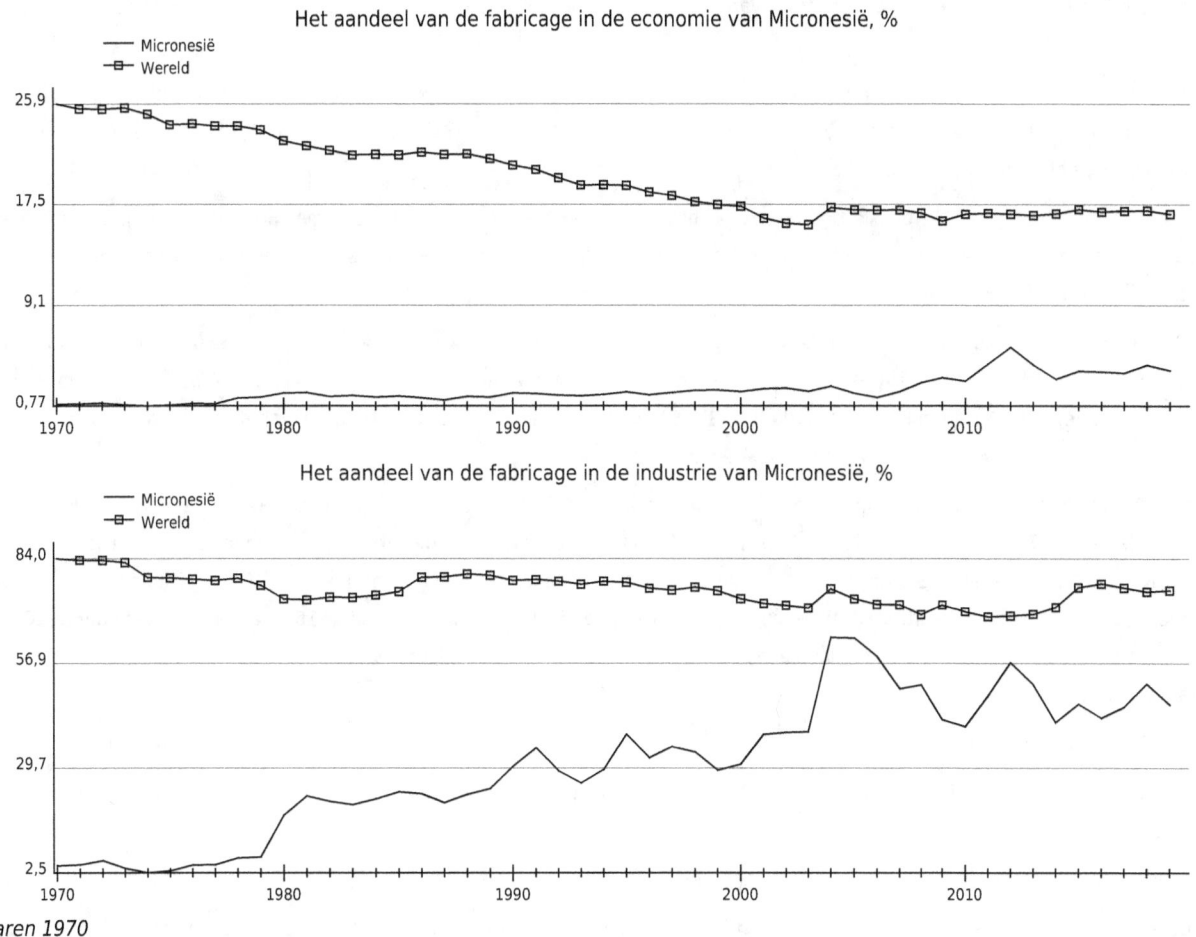

Het aandeel van de fabricage in de economie van Micronesië, %

Het aandeel van de fabricage in de industrie van Micronesië, %

de jaren 1970

De toegevoegde waarde van de fabricage in Micronesië bedroeg in de jaren 1970 US$1,6 miljoen per jaar. Het aandeel in de wereld was 0,0001%, en 0,0072% in Oceanië.

Het aandeel van de fabricage in de economie van Micronesië was 1,0% in de jaren 1970.

De sector van de fabricage per hoofd in Micronesië was $9,5 in de jaren 1970s. De toegevoegde waarde van de fabricage per hoofd in Micronesië was in 40,2 keer lager dan de fabricage per hoofd van de bevolking in de wereld ($383,2), en was in 107,1 keer lager dan de fabricage per hoofd van de bevolking in Oceanië ($383,2).

De groei van de fabricage in Micronesië bedroeg 5.6% in de jaren 1970, en was vergelijkbaar met Azië (5,6%), Noord-Afrika (5,6%), Marokko (5,7%). De groei van de fabricage in Micronesië (5,6%) was groter dan de groei van de fabricage in de wereld (3,8%), was groter dan de groei van de fabricage in Oceanië (2,1%).

Vergelijking met subregio's. De waarde van de fabricage in Micronesië was minder dan in Australazië (US$21,4 miljard), in Melanesië (US$351,8 miljoen) en in Polynesië (US$55,1 miljoen). De fabricage per hoofd in Micronesië was in Micronesië minder dan in Australazië (US$1.281,1), in Polynesië (US$140,0) en in Melanesië (US$85,8). De groei van de fabricage in Micronesië was groter dan in Polynesië (2,3%), in Australazië (2,1%) en in Melanesië (-0,17%).

Leiders. De waarde van de fabricage in Micronesië in de jaren 1970 bestond uit: Kiribati (77,9%), Federale Staten van Micronesië (36,8%), Nauru (35,2%), Marshalleilanden (7,8%), Palau (4,6%). Het aandeel van de fabricage in economie van de leiders: Kiribati (2,7%), Nauru (1,8%), FS van Micronesië (1,4%), Marshalleilanden (0,84%) en Palau (0,42%). De sector van de fabricage per hoofd in Micronesië onder de leiders: Nauru ($77,3), Kiribati ($22,1), FS van Micronesië ($8,9), Palau ($5,8) en Marshalleilanden ($4,9). De groei van de fabricage onder de leiders: Marshalleilanden (6,6%), Federale Staten van Micronesië (6,6%), Nauru (1,1%) en Palau (0,14%).

de jaren 1980

De sector van de fabricage in Micronesië bedroeg in de jaren 1980 US$4,2 miljoen per jaar. Het aandeel in de wereld was 0,0001%, en 0,010% in Oceanië.

Het aandeel van de fabricage in de economie van Micronesië was 1,6% in de jaren 1980, en was vergelijkbaar met de Britse Maagdeneilanden (1,6%).

De sector van de fabricage per hoofd in Micronesië was $20,3 in de jaren 1980s. De waarde van de fabricage per hoofd in Micronesië was in 32,6 keer lager dan de fabricage per hoofd van de bevolking in de wereld ($661,2), en was in 81,7 keer lager dan de fabricage per hoofd van de bevolking in Oceanië ($661,2).

De groei van de fabricage in Micronesië bedroeg 1.3% in de jaren 1980, en was vergelijkbaar met Bermuda (1,3%). De groei van de fabricage in Micronesië (1,3%) was minder dan de groei van de fabricage in de wereld (2,6%), was minder dan de groei van de fabricage in Oceanië (1,5%).

Vergelijking met subregio's. De sector van de fabricage in Micronesië was minder dan in Australazië (US$40,3 miljard), in Melanesië (US$586,5 miljoen) en in Polynesië (US$171,0 miljoen). De sector van de fabricage per hoofd in Micronesië was in Micronesië minder dan in Australazië (US$2,1 duizend), in Polynesië (US$377,2) en in Melanesië (US$111,2). De groei van de fabricage in Micronesië was minder dan in Melanesië (4,7%), in Polynesië (3,1%) en in Australazië (1,5%).

Leiders. De sector van de fabricage in Micronesië in de jaren 1980 bestond uit: Kiribati (34,6%), Federale Staten van Micronesië (33,4%), Nauru (17,7%), Marshalleilanden (9,0%), Palau (5,4%). Het aandeel van de fabricage in economie van de leiders: Kiribati (4,4%), Nauru (1,7%), Federale Staten van Micronesië (1,4%), Marshalleilanden (0,84%) en Palau (0,46%). De fabricage per hoofd in Micronesië onder de leiders: Nauru ($88,0), Kiribati ($22,7), Palau ($16,9), FS van Micronesië ($16,7) en Marshalleilanden ($10,0). De groei van de fabricage onder de leiders: Marshalleilanden (5,4%), Palau (3,4%), Federale Staten van Micronesië (2,9%), Kiribati (1,5%) en Nauru (-2,4%).

de jaren 1990

De fabricage van Micronesië bedroeg in de jaren 1990 US$9,2 miljoen per jaar. Het aandeel in de wereld was 0,0002%, en 0,016% in Oceanië.

Het aandeel van de fabricage in de economie van Micronesië was 1,8% in de jaren 1990.

De toegevoegde waarde van de fabricage per hoofd in Micronesië was $35,4 in de jaren 1990s. De fabricage per hoofd in Micronesië was in 25,7 keer lager dan de fabricage per hoofd van de bevolking in de wereld ($908,4), en was in 56,2 keer lager dan de fabricage per hoofd van de bevolking in Oceanië ($908,4).

De groei van de fabricage in Micronesië bedroeg 0.9% in de jaren 1990, en was vergelijkbaar met Zambia (0,89%), Zuid-Europa (0,90%). De groei van de fabricage in Micronesië (0,89%) was minder dan de groei van de fabricage in de wereld (2,0%), was minder dan de groei van de fabricage in Oceanië (1,3%).

Vergelijking met subregio's. De toegevoegde waarde van de fabricage in Micronesië was minder dan in Australazië (US$56,2 miljard), in Melanesië (US$937,6 miljoen) en in Polynesië (US$289,1 miljoen). De toegevoegde waarde van de fabricage per hoofd in Micronesië was in Micronesië minder dan in Australazië (US$2,6 duizend), in Polynesië (US$567,1) en in Melanesië (US$141,5). De groei van de fabricage in Micronesië was groter dan in Polynesië (-0,25%) en in Melanesië (-2,6%); maar minder dan in Australazië (1,4%).

Leiders. De sector van de fabricage in Micronesië in de jaren 1990 bestond uit: Kiribati (35,4%), Federale Staten van Micronesië (30,6%), Palau (13,5%), Marshalleilanden (13,0%), Nauru (7,5%). Het aandeel van de fabricage in economie van de leiders: Kiribati (6,1%), Nauru (1,8%), FS van Micronesië (1,4%), Marshalleilanden (1,3%) en Palau (1,0%). De waarde van de fabricage per hoofd in Micronesië onder de leiders: Palau ($72,9), Nauru ($66,8), Kiribati ($41,8), Federale Staten van Micronesië ($26,8) en Marshalleilanden ($24,0). De groei van de fabricage onder de leiders: Kiribati (4,8%), Marshalleilanden (3,0%), Federale Staten van Micronesië (2,7%), Palau (0,75%) en Nauru (-12,7%).

de jaren 2000

De waarde van de fabricage in Micronesië bedroeg in de jaren 2000 US$14,5 miljoen per jaar, en was vergelijkbaar met Vanuatu (US$14,1 miljoen). Het aandeel in de wereld was 0,0002%, en 0,017% in Oceanië.

Het aandeel van de fabricage in de economie van Micronesië was 2,2% in de jaren 2000.

De fabricage per hoofd in Micronesië was $51,4 in de jaren 2000s, en was vergelijkbaar met Sao Tomé en Principe (US$51,7), Guinee (US$52,3). De sector van de fabricage per hoofd in Micronesië was in 22,1 keer lager dan de fabricage per hoofd van de bevolking in de wereld ($1.138,1), en was in 48,3 keer lager dan de fabricage per hoofd van de bevolking in Oceanië ($1.138,1).

De groei van de fabricage in Micronesië bedroeg 3.7% in de jaren 2000, en was vergelijkbaar met Andorra (3,6%), Botswana (3,7%). De groei van de fabricage in Micronesië (3,7%) was minder dan de groei van de fabricage in de wereld (4,2%), was groter dan de groei van de fabricage in Oceanië (0,79%).

Vergelijking met subregio's. De sector van de fabricage in Micronesië was minder dan in Australazië (US$80,8 miljard), in Melanesië (US$1,4 miljard) en in Polynesië (US$354,8 miljoen). De toegevoegde waarde van de fabricage per hoofd in Micronesië was in Micronesië minder dan in Australazië (US$3,3 duizend), in Polynesië (US$629,0) en in Melanesië (US$176,8). De groei van de fabricage in Micronesië was groter dan in Melanesië (1,4%), in Australazië (0,79%) en in Polynesië (-0,74%).

Leiders. De fabricage van Micronesië in de jaren 2000 bestond uit: Kiribati (34,2%), Nauru (18,7%), Marshalleilanden (18,2%), FS van Micronesië (17,8%), Palau (12,9%). Het aandeel van de fabricage in economie van de leiders: Nauru (9,4%), Kiribati (5,0%), Marshalleilanden (2,0%), Palau (1,1%) en FS van Micronesië (1,1%). De waarde van de fabricage per hoofd in Micronesië onder de leiders: Nauru ($270,9), Palau ($96,5), Kiribati ($53,8), Marshalleilanden ($48,7) en Federale Staten van Micronesië ($24,3). De groei van de fabricage onder de leiders: Nauru (29,2%), Marshalleilanden (3,6%), Kiribati (1,2%), Palau (-5,8%) en FS van Micronesië (-12,3%).

de jaren 2010

De sector van de fabricage in Micronesië bedroeg in de jaren 2010 US$39,8 miljoen per jaar, en was vergelijkbaar met de Kaaimaneilanden (US$39,9 miljoen). Het aandeel in de wereld was 0,0003%, en 0,036% in Oceanië.

Het aandeel van de fabricage in de economie van Micronesië was 3,9% in de jaren 2010, en was vergelijkbaar met Aruba (3,8%), Libië (3,9%), Grenada (3,9%).

De waarde van de fabricage per hoofd in Micronesië was $131,1 in de jaren 2010s, en was vergelijkbaar met Irak (US$129,5). De waarde van de fabricage per hoofd in Micronesië was in 12,9 keer lager dan de fabricage per hoofd van de bevolking in de wereld ($1.697,4), en was in 21,7 keer lager dan de fabricage per hoofd van de bevolking in Oceanië ($1.697,4).

De groei van de fabricage in Micronesië bedroeg 4.4% in de jaren 2010, en was vergelijkbaar met Bolivia (4,4%), Paraguay (4,4%), Zuidwest-Azië (4,4%). De groei van de fabricage in Micronesië (4,4%) was groter dan de groei van de fabricage in de wereld (3,9%), was groter dan de groei van de fabricage in Oceanië (-0,27%).

Vergelijking met subregio's. De sector van de fabricage in Micronesië was 2.742,7 keer minder dan in Australazië (US$109,3 miljard), 52,4 keer minder dan in Melanesië (US$2,1 miljard) en 9,7 keer minder dan in Polynesië (US$386,2 miljoen). De toegevoegde waarde van de fabricage per hoofd in Micronesië was in Micronesië29,4 keer minder dan in Australazië (US$3,9 duizend), 4,9 keer minder dan in Polynesië (US$647,8) en 36,9% minder dan in Melanesië (US$207,8). De groei van de fabricage in Micronesië was groter dan in Melanesië (1,2%), in Polynesië (0,078%) en in Australazië (-0,30%).

Leiders. De waarde van de fabricage in Micronesië in de jaren 2010 bestond uit: Nauru (59,6%), Kiribati (21,0%), Marshalleilanden (9,5%), Palau (6,1%), FS van Micronesië (3,9%). Het aandeel van de fabricage in economie van de leiders: Nauru (20,7%), Kiribati (4,5%), Marshalleilanden (2,0%), Palau (1,1%) en FS van Micronesië (0,48%). De fabricage per hoofd in Micronesië onder de leiders: Nauru ($2.291,6), Palau ($135,7), Kiribati ($76,0), Marshalleilanden ($65,6) en Federale Staten van Micronesië ($14,3). De groei van de fabricage onder de leiders: Marshalleilanden (6,2%), Nauru (5,7%), FS van Micronesië (5,2%), Palau (4,8%) en Kiribati (0,55%).

Hoofdstuk VI. Constructie

(ISIC F)

De sector van de constructie in Micronesië steeg van US$10,4 miljoen per jaar in de jaren 1970 tot US$54,0 miljoen per jaar in de jaren 2010, dat wil zeggen met US$43,6 miljoen of 5,2 keer. De verandering vond plaats op US$37,0 miljoen als gevolg van een 3,2-voudige stijging van de prijzen, en ook op -US$2,2 miljoen als gevolg van een 1,1-voudige afname van de productiviteit , evenals op US$8,9 miljoen als gevolg van de toename van de bevolking. De gemiddelde jaarlijkse groei van de constructie is 1,8%. De minimumwaarde van de constructie bedroeg US$5,4 miljoen in 1970. De maximumwaarde van de constructie bedroeg US$59,9 miljoen in 2019.

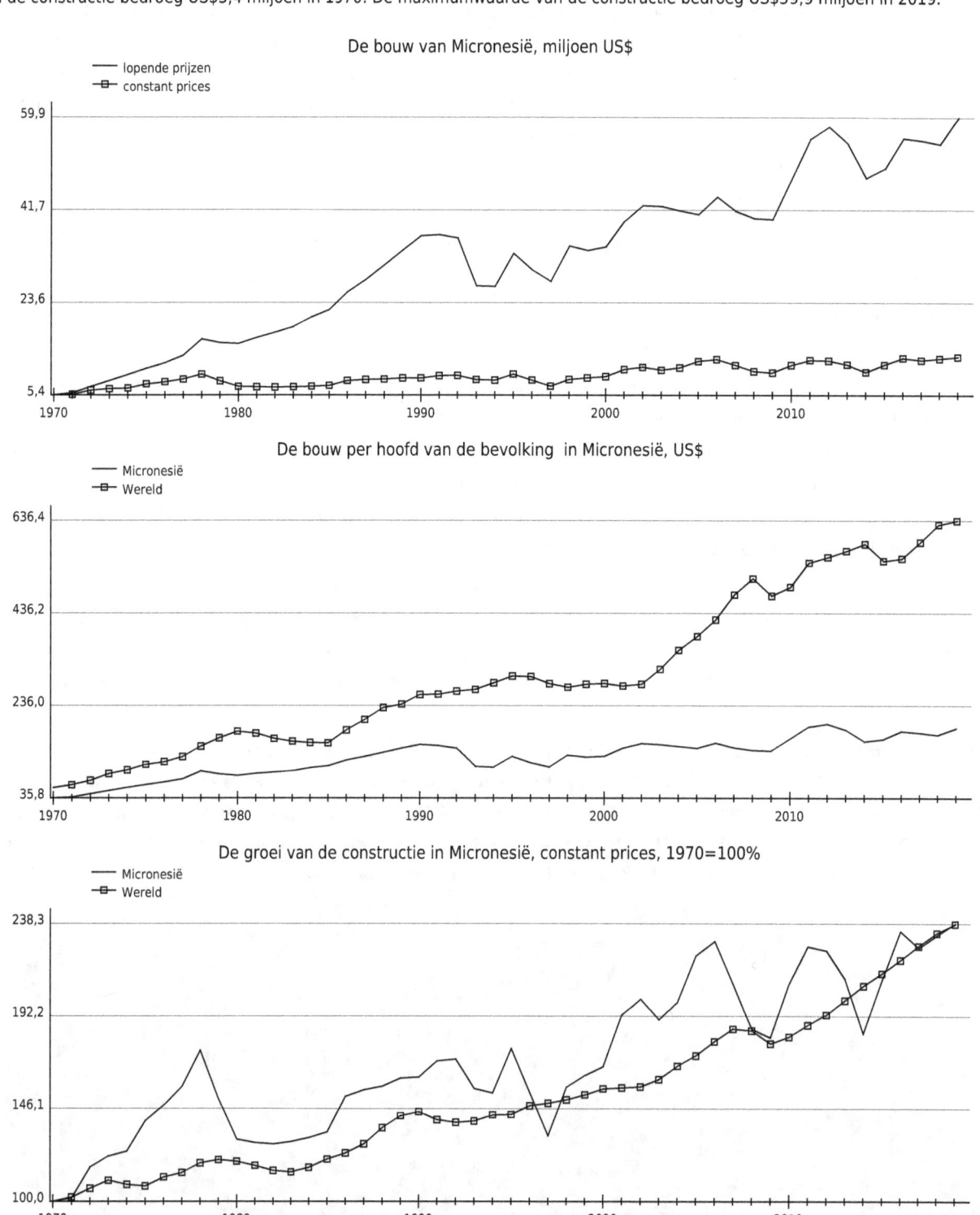

De bouw van Micronesië, miljoen US$

De bouw per hoofd van de bevolking in Micronesië, US$

De groei van de constructie in Micronesië, constant prices, 1970=100%

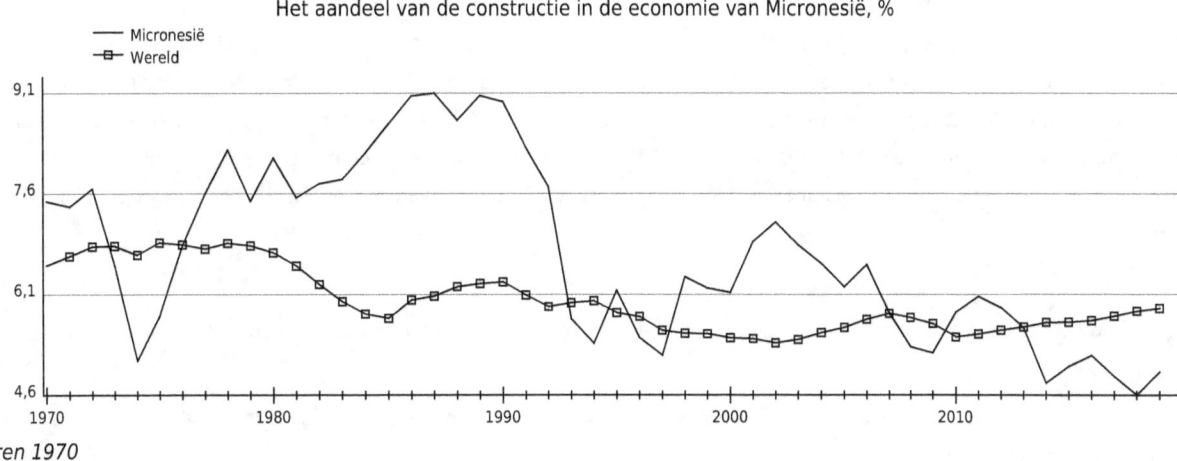

Het aandeel van de constructie in de economie van Micronesië, %

— Micronesië
—□— Wereld

de jaren 1970

De waarde van de constructie in Micronesië bedroeg in de jaren 1970 US$10,4 miljoen per jaar. Het aandeel in de wereld was 0,0024%, en 0,12% in Oceanië.

Het aandeel van de constructie in de economie van Micronesië was 6,9% in de jaren 1970, en was vergelijkbaar met Irak (6,9%), Denemarken (7,0%), Hongkong (6,9%).

De bouw per hoofd in Micronesië was $63,3 in de jaren 1970s, en was vergelijkbaar met Brunei (US$62,9), Zuid-Afrika (US$62,9). De bouw per hoofd in Micronesië was 40,3% lager dan de constructie per hoofd van de bevolking in de wereld ($106,1), en was in 6,6 keer lager dan de constructie per hoofd van de bevolking in Oceanië ($106,1).

De groei van de constructie in Micronesië bedroeg 4.7% in de jaren 1970, en was vergelijkbaar met Vietnam (4,7%). De groei van de constructie in Micronesië (4,7%) was groter dan de groei van de constructie in de wereld (2,1%), was groter dan de groei van de constructie in Oceanië (1,7%).

Vergelijking met subregio's. De toegevoegde waarde van de constructie in Micronesië was minder dan in Australazië (US$8,6 miljard), in Melanesië (US$210,6 miljoen) en in Polynesië (US$54,6 miljoen). De waarde van de constructie per hoofd in Micronesië was in Micronesië groter dan in Melanesië (US$51,4); maar minder dan in Australazië (US$514,8) en in Polynesië (US$138,5). De groei van de constructie in Micronesië was groter dan in Australazië (1,5%); maar minder dan in Polynesië (8,9%) en in Melanesië (7,3%).

Leiders. De sector van de constructie in Micronesië in de jaren 1970 bestond uit: Palau (37,9%), Kiribati (17,8%), Marshalleilanden (17,2%), FS van Micronesië (16,1%), Nauru (11,1%). Het aandeel van de constructie in economie van de leiders: Palau (22,8%), Marshalleilanden (12,2%), FS van Micronesië (4,1%), Kiribati (4,1%) en Nauru (3,7%). De constructie per hoofd in Micronesië onder de leiders: Palau ($314,5), Nauru ($161,4), Marshalleilanden ($71,3), Kiribati ($33,6) en Federale Staten van Micronesië ($26,0). De groei van de constructie onder de leiders: Kiribati (8,4%), Marshalleilanden (6,6%), Federale Staten van Micronesië (6,6%), Nauru (1,1%) en Palau (0,15%).

de jaren 1980

De waarde van de constructie in Micronesië bedroeg in de jaren 1980 US$23,0 miljoen per jaar. Het aandeel in de wereld was 0,0026%, en 0,14% in Oceanië.

Het aandeel van de constructie in de economie van Micronesië was 8,5% in de jaren 1980, en was vergelijkbaar met Kameroen (8,5%).

De sector van de constructie per hoofd in Micronesië was $110,8 in de jaren 1980s, en was vergelijkbaar met Saint Lucia (US$110,4). De toegevoegde waarde van de constructie per hoofd in Micronesië was 40,5% lager dan de constructie per hoofd van de bevolking in de wereld ($186,2), en was in 6,1 keer lager dan de constructie per hoofd van de bevolking in Oceanië ($186,2).

De groei van de constructie in Micronesië bedroeg 0.7% in de jaren 1980. De groei van de constructie in Micronesië (0,66%) was minder dan de groei van de constructie in de wereld (1,7%), was minder dan de groei van de constructie in Oceanië (2,8%).

Vergelijking met subregio's. De constructie van Micronesië was minder dan in Australazië (US$16,3 miljard), in Melanesië (US$262,1 miljoen) en in Polynesië (US$150,9 miljoen). De toegevoegde waarde van de constructie per hoofd in Micronesië was in Micronesië groter dan in Melanesië (US$49,7); maar minder dan in Australazië (US$867,7) en in Polynesië (US$332,7). De groei van de constructie in Micronesië was groter dan in Melanesië (-0,054%) en in Polynesië (-0,63%); maar minder dan in Australazië (2,9%).

Leiders. De waarde van de constructie in Micronesië in de jaren 1980 bestond uit: Palau (47,2%), Marshalleilanden (23,9%), FS van Micronesië (17,8%), Nauru (6,8%), Kiribati (4,3%). Het aandeel van de constructie in economie van de leiders: Palau (22,2%), Marshalleilanden (12,2%), FS van Micronesië (4,1%), Nauru (3,6%) en Kiribati (3,0%). De constructie per hoofd in Micronesië onder de leiders: Palau ($812,0), Nauru ($183,8), Marshalleilanden ($145,7), Federale Staten van Micronesië ($48,8) en Kiribati ($15,6). De groei van de constructie onder de leiders: Marshalleilanden (5,5%), Palau (3,1%), FS van Micronesië (2,9%), Nauru (-2,4%) en Kiribati (-11,6%).

de jaren 1990

De sector van de constructie in Micronesië bedroeg in de jaren 1990 US$32,3 miljoen per jaar. Het aandeel in de wereld was 0,0020%, en 0,13% in Oceanië.

Het aandeel van de constructie in de economie van Micronesië was 6,4% in de jaren 1990, en was vergelijkbaar met Honduras (6,4%), Guyana (6,5%), Portugal (6,5%).

De toegevoegde waarde van de constructie per hoofd in Micronesië was $124,5 in de jaren 1990s. De waarde van de constructie per hoofd in Micronesië was in 2,2 keer lager dan de constructie per hoofd van de bevolking in de wereld ($278,6), en was in 7,1 keer lager dan de constructie per hoofd van de bevolking in Oceanië ($278,6).

De groei van de constructie in Micronesië bedroeg 0.1% in de jaren 1990. De groei van de constructie in Micronesië (0,076%) was minder dan de groei van de constructie in de wereld (0,71%), was minder dan de groei van de constructie in Oceanië (3,0%).

Vergelijking met subregio's. De toegevoegde waarde van de constructie in Micronesië was minder dan in Australazië (US$24,8 miljard), in Melanesië (US$487,3 miljoen) en in Polynesië (US$186,9 miljoen). De constructie per hoofd in Micronesië was in Micronesië groter dan in Melanesië (US$73,6); maar minder dan in Australazië (US$1.150,8) en in Polynesië (US$366,7). De groei van de constructie in Micronesië was minder dan in Melanesië (4,6%), in Australazië (3,0%) en in Polynesië (0,69%).

Leiders. De waarde van de constructie in Micronesië in de jaren 1990 bestond uit: Palau (39,3%), Marshalleilanden (28,3%), Federale Staten van Micronesië (23,8%), Nauru (4,5%), Kiribati (4,1%). Het aandeel van de constructie in economie van de leiders: Palau (10,6%), Marshalleilanden (9,7%), FS van Micronesië (3,9%), Nauru (3,7%) en Kiribati (2,5%). De waarde van de constructie per hoofd in Micronesië onder de leiders: Palau ($749,3), Marshalleilanden ($183,6), Nauru ($139,4), FS van Micronesië ($73,3) en Kiribati ($17,2). De groei van de constructie onder de leiders: Palau (10,4%), Kiribati (6,0%), Federale Staten van Micronesië (1,4%), Marshalleilanden (-2,3%) en Nauru (-13,6%).

de jaren 2000

De constructie van Micronesië bedroeg in de jaren 2000 US$40,8 miljoen per jaar, en was vergelijkbaar met Burundi (US$40,5 miljoen). Het aandeel in de wereld was 0,0016%, en 0,074% in Oceanië.

Het aandeel van de constructie in de economie van Micronesië was 6,2% in de jaren 2000, en was vergelijkbaar met Canada (6,2%), Malta (6,2%), Zuid-Korea (6,2%).

De toegevoegde waarde van de constructie per hoofd in Micronesië was $144,9 in de jaren 2000s, en was vergelijkbaar met Peru (US$147,2), Samoa (US$142,3), Angola (US$141,8). De bouw per hoofd in Micronesië was in 2,6 keer lager dan de constructie per hoofd van de bevolking in de wereld ($381,3), en was in 11,3 keer lager dan de constructie per hoofd van de bevolking in Oceanië ($381,3).

De groei van de constructie in Micronesië bedroeg 1.1% in de jaren 2000. De groei van de constructie in Micronesië (1,1%) was minder dan de groei van de constructie in de wereld (1,5%), was minder dan de groei van de constructie in Oceanië (4,8%).

Vergelijking met subregio's. De toegevoegde waarde van de constructie in Micronesië was minder dan in Australazië (US$53,4 miljard), in Melanesië (US$1,1 miljard) en in Polynesië (US$280,9 miljoen). De sector van de constructie per hoofd in Micronesië was in Micronesië groter dan in Melanesië (US$129,8); maar minder dan in Australazië (US$2,2 duizend) en in Polynesië (US$497,9). De groei van de constructie in Micronesië was groter dan in Polynesië (0,99%); maar minder dan in Melanesië (9,0%) en in Australazië (4,7%).

Leiders. De toegevoegde waarde van de constructie in Micronesië in de jaren 2000 bestond uit: Palau (43,0%), Marshalleilanden (23,3%), FS van Micronesië (18,6%), Kiribati (12,2%), Nauru (3,0%). Het aandeel van de constructie in economie van de leiders: Palau

(10,7%), Marshalleilanden (7,3%), Kiribati (5,0%), Nauru (4,2%) en FS van Micronesië (3,2%). De waarde van de constructie per hoofd in Micronesië onder de leiders: Palau ($905,8), Marshalleilanden ($175,0), Nauru ($121,4), FS van Micronesië ($71,8) en Kiribati ($53,9). De groei van de constructie onder de leiders: Kiribati (2,9%), FS van Micronesië (1,9%), Palau (1,0%), Marshalleilanden (-0,12%) en Nauru (-1,3%).

de jaren 2010

De bouw van Micronesië bedroeg in de jaren 2010 US$54,0 miljoen per jaar, en was vergelijkbaar met Somalië (US$54,6 miljoen). Het aandeel in de wereld was 0,0013%, en 0,043% in Oceanië.

Het aandeel van de constructie in de economie van Micronesië was 5,2% in de jaren 2010, en was vergelijkbaar met Kameroen (5,2%), Zuid-Europa (5,3%), Kroatië (5,3%).

De sector van de constructie per hoofd in Micronesië was $177,7 in de jaren 2010s, en was vergelijkbaar met Namibië (US$179,9), Guatemala (US$174,5), Oost-Timor (US$174,1). De waarde van de constructie per hoofd in Micronesië was in 3,2 keer lager dan de constructie per hoofd van de bevolking in de wereld ($572,1), en was in 17,9 keer lager dan de constructie per hoofd van de bevolking in Oceanië ($572,1).

De groei van de constructie in Micronesië bedroeg 2.8% in de jaren 2010, en was vergelijkbaar met Bahrein (2,7%), Denemarken (2,7%). De groei van de constructie in Micronesië (2,8%) was minder dan de groei van de constructie in de wereld (2,9%), was groter dan de groei van de constructie in Oceanië (1,7%).

Vergelijking met subregio's. De toegevoegde waarde van de constructie in Micronesië was 2.243,5 keer minder dan in Australazië (US$121,1 miljard), 56,3 keer minder dan in Melanesië (US$3,0 miljard) en 5,4 keer minder dan in Polynesië (US$292,8 miljoen). De bouw per hoofd in Micronesië was in Micronesië24,1 keer minder dan in Australazië (US$4,3 duizend), 2,8 keer minder dan in Polynesië (US$491,2) en 41,3% minder dan in Melanesië (US$302,7). De groei van de constructie in Micronesië was groter dan in Australazië (1,7%) en in Polynesië (-1,3%); maar minder dan in Melanesië (3,4%).

Leiders. De toegevoegde waarde van de constructie in Micronesië in de jaren 2010 bestond uit: Kiribati (28,3%), Federale Staten van Micronesië (23,2%), Palau (21,9%), Marshalleilanden (20,3%), Nauru (6,2%). Het aandeel van de constructie in economie van de leiders: Kiribati (8,2%), Marshalleilanden (5,8%), Palau (5,3%), Federale Staten van Micronesië (3,9%) en Nauru (2,9%). De sector van de constructie per hoofd in Micronesië onder de leiders: Palau ($666,5), Nauru ($324,1), Marshalleilanden ($191,3), Kiribati ($138,7) en FS van Micronesië ($115,9). De groei van de constructie onder de leiders: Kiribati (12,3%), Nauru (8,2%), Palau (4,6%), Marshalleilanden (2,6%) en Federale Staten van Micronesië (-8,6%).

Hoofdstuk VII. Vervoer

Transport, opslag en communicatie (ISIC I)

Het vervoer van Micronesië steeg van US$10,2 miljoen per jaar in de jaren 1970 tot US$99,5 miljoen per jaar in de jaren 2010, dat wil zeggen met US$89,4 miljoen of 9,8 keer. De verandering vond plaats op US$86,3 miljoen als gevolg van een 7,6-voudige stijging van de prijzen, en ook op -US$5,7 miljoen als gevolg van een 1,4-voudige afname van de productiviteit , evenals op US$8,7 miljoen als gevolg van de toename van de bevolking. De gemiddelde jaarlijkse groei van het transport is 1,6%. De minimumwaarde van het transport bedroeg US$4,7 miljoen in 1970. De maximumwaarde van het transport bedroeg US$113,6 miljoen in 2017.

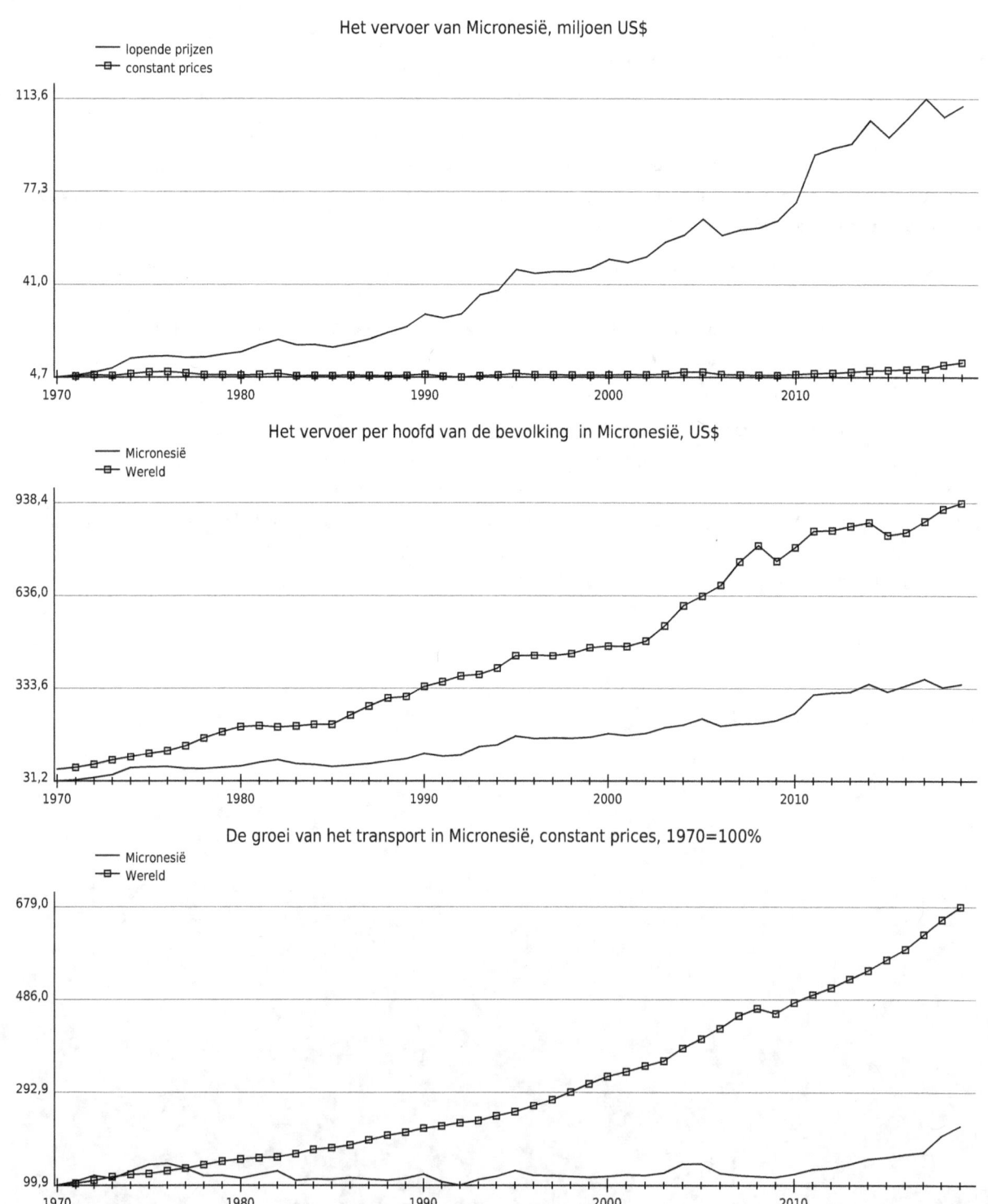

Het vervoer van Micronesië, miljoen US$

De groei van het transport in Micronesië, constant prices, 1970=100%

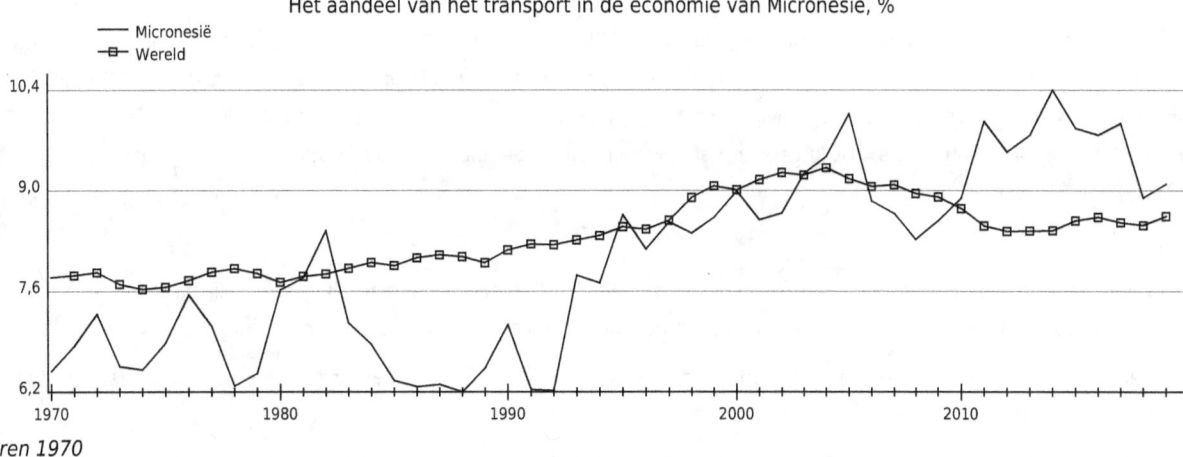

Het aandeel van het transport in de economie van Micronesië, %

— Micronesië
-▣- Wereld

de jaren 1970

Het transport van Micronesië bedroeg in de jaren 1970 US$10,2 miljoen per jaar, en was vergelijkbaar met Kaapverdië (US$10,1 miljoen), Antigua en Barbuda (US$10,3 miljoen). Het aandeel in de wereld was 0,0021%, en 0,11% in Oceanië.

Het aandeel van het transport in de economie van Micronesië was 6,8% in de jaren 1970, en was vergelijkbaar met Costa Rica (6,8%), Azië (6,8%), Zimbabwe (6,9%).

Het vervoer per hoofd in Micronesië was $62,1 in de jaren 1970s, en was vergelijkbaar met Namibië (US$62,3), Djibouti (US$60,8). De waarde van het transport per hoofd in Micronesië was 49,2% lager dan het transport per hoofd van de bevolking in de wereld ($122,3), en was in 6,8 keer lager dan het transport per hoofd van de bevolking in Oceanië ($122,3).

De groei van het transport in Micronesië bedroeg 2.1% in de jaren 1970. De groei van het transport in Micronesië (2,1%) was minder dan de groei van het transport in de wereld (4,6%), was minder dan de groei van het transport in Oceanië (4,9%).

Vergelijking met subregio's. De waarde van het transport in Micronesië was minder dan in Australazië (US$8,6 miljard), in Melanesië (US$386,9 miljoen) en in Polynesië (US$68,6 miljoen). De toegevoegde waarde van het transport per hoofd in Micronesië was in Micronesië minder dan in Australazië (US$514,0), in Polynesië (US$174,2) en in Melanesië (US$94,4). De groei van het transport in Micronesië was minder dan in Polynesië (5,1%), in Australazië (4,9%) en in Melanesië (4,0%).

Leiders. De waarde van het transport in Micronesië in de jaren 1970 bestond uit: Nauru (55,7%), FS van Micronesië (28,7%), Kiribati (14,0%), Palau (7,0%). Het aandeel van het transport in economie van de leiders: Nauru (18,2%), Federale Staten van Micronesië (7,1%), Palau (4,1%) en Kiribati (3,1%). De sector van het transport per hoofd in Micronesië onder de leiders: Nauru ($795,9), Palau ($56,7), Federale Staten van Micronesië ($45,3) en Kiribati ($25,9). De groei van het transport onder de leiders: Kiribati (6,9%), Federale Staten van Micronesië (6,6%), Nauru (1,1%) en Palau (0,14%).

de jaren 1980

Het vervoer van Micronesië bedroeg in de jaren 1980 US$18,6 miljoen per jaar, en was vergelijkbaar met Andorra (US$18,8 miljoen). Het aandeel in de wereld was 0,0016%, en 0,086% in Oceanië.

Het aandeel van het transport in de economie van Micronesië was 6,9% in de jaren 1980, en was vergelijkbaar met Togo (6,9%), Kameroen (6,8%), Roemenië (6,8%).

De toegevoegde waarde van het transport per hoofd in Micronesië was $89,7 in de jaren 1980s, en was vergelijkbaar met Afrika (US$90,3), Brazilië (US$88,6), Nicaragua (US$88,1). Het vervoer per hoofd in Micronesië was in 2,7 keer lager dan het transport per hoofd van de bevolking in de wereld ($242,0), en was in 9,7 keer lager dan het transport per hoofd van de bevolking in Oceanië ($242,0).

De groei van het transport in Micronesië bedroeg -0.5% in de jaren 1980. De groei van het transport in Micronesië (-0,54%) was minder dan de groei van het transport in de wereld (3,4%), was minder dan de groei van het transport in Oceanië (4,2%).

Vergelijking met subregio's. De waarde van het transport in Micronesië was minder dan in Australazië (US$20,8 miljard), in Melanesië (US$568,9 miljoen) en in Polynesië (US$197,1 miljoen). De sector van het transport per hoofd in Micronesië was in Micronesië minder dan in Australazië (US$1.105,9), in Polynesië (US$434,5) en in Melanesië (US$107,8). De groei van het transport in Micronesië was minder dan in Polynesië (4,8%), in Australazië (4,2%) en in Melanesië (2,7%).

Leiders. De waarde van het transport in Micronesië in de jaren 1980 bestond uit: Nauru (41,1%), FS van Micronesië (38,4%), Kiribati (17,5%), Palau (12,0%). Het aandeel van het transport in economie van de leiders: Nauru (17,7%), Kiribati (9,9%), FS van Micronesië (7,1%) en Palau (4,6%). De waarde van het transport per hoofd in Micronesië onder de leiders: Nauru ($906,3), Palau ($167,7), FS van Micronesië ($85,2) en Kiribati ($50,9). De groei van het transport onder de leiders: Palau (3,5%), FS van Micronesië (2,9%), Kiribati (1,3%) en Nauru (-2,4%).

de jaren 1990

De sector van het transport in Micronesië bedroeg in de jaren 1990 US$39,3 miljoen per jaar, en was vergelijkbaar met Saint Vincent en de Grenadines (US$39,8 miljoen). Het aandeel in de wereld was 0,0017%, en 0,10% in Oceanië.

Het aandeel van het transport in de economie van Micronesië was 7,8% in de jaren 1990, en was vergelijkbaar met Tuvalu (7,9%), Zuid-Korea (7,8%), Honduras (7,9%).

De sector van het transport per hoofd in Micronesië was $151,8 in de jaren 1990s, en was vergelijkbaar met Kazachstan (US$151,2), Peru (US$153,2), Wit-Rusland (US$150,4). De toegevoegde waarde van het transport per hoofd in Micronesië was in 2,7 keer lager dan het transport per hoofd van de bevolking in de wereld ($409,5), en was in 8,8 keer lager dan het transport per hoofd van de bevolking in Oceanië ($409,5).

De groei van het transport in Micronesië bedroeg 0.2% in de jaren 1990. De groei van het transport in Micronesië (0,19%) was minder dan de groei van het transport in de wereld (4,0%), was minder dan de groei van het transport in Oceanië (4,7%).

Vergelijking met subregio's. Het vervoer van Micronesië was minder dan in Australazië (US$37,2 miljard), in Melanesië (US$1,0 miljard) en in Polynesië (US$395,9 miljoen). De toegevoegde waarde van het transport per hoofd in Micronesië was in Micronesië minder dan in Australazië (US$1.727,0), in Polynesië (US$776,7) en in Melanesië (US$156,5). De groei van het transport in Micronesië was minder dan in Australazië (4,7%), in Melanesië (4,2%) en in Polynesië (2,4%).

Leiders. De waarde van het transport in Micronesië in de jaren 1990 bestond uit: Federale Staten van Micronesië (35,0%), Palau (22,5%), Nauru (18,0%), Marshalleilanden (14,8%), Kiribati (14,1%). Het aandeel van het transport in economie van de leiders: Nauru (18,3%), Kiribati (10,4%), Palau (7,4%), FS van Micronesië (7,1%) en Marshalleilanden (6,2%). De toegevoegde waarde van het transport per hoofd in Micronesië onder de leiders: Nauru ($687,3), Palau ($523,7), FS van Micronesië ($131,5), Marshalleilanden ($116,8) en Kiribati ($71,7). De groei van het transport onder de leiders: FS van Micronesië (1,8%), Palau (1,4%), Nauru (-12,9%), Marshalleilanden (nan%) en Kiribati (5,0%).

de jaren 2000

De toegevoegde waarde van het transport in Micronesië bedroeg in de jaren 2000 US$58,8 miljoen per jaar. Het aandeel in de wereld was 0,0015%, en 0,088% in Oceanië.

Het aandeel van het transport in de economie van Micronesië was 8,9% in de jaren 2000, en was vergelijkbaar met Curaçao (8,9%), Colombia (9,0%), de Turks- en Caicoseilanden (9,0%).

Het vervoer per hoofd in Micronesië was $209,0 in de jaren 2000s, en was vergelijkbaar met Oekraïne (US$210,2), El Salvador (US$213,7). De toegevoegde waarde van het transport per hoofd in Micronesië was in 3,0 keer lager dan het transport per hoofd van de bevolking in de wereld ($621,1), en was in 9,6 keer lager dan het transport per hoofd van de bevolking in Oceanië ($621,1).

De groei van het transport in Micronesië bedroeg 0% in de jaren 2000. De groei van het transport in Micronesië (0,016%) was minder dan de groei van het transport in de wereld (3,9%), was minder dan de groei van het transport in Oceanië (3,7%).

Vergelijking met subregio's. De toegevoegde waarde van het transport in Micronesië was minder dan in Australazië (US$65,2 miljard), in Melanesië (US$1,1 miljard) en in Polynesië (US$566,2 miljoen). De toegevoegde waarde van het transport per hoofd in Micronesië was in Micronesië groter dan in Melanesië (US$134,0); maar minder dan in Australazië (US$2,7 duizend) en in Polynesië (US$1.003,6). De groei van het transport in Micronesië was minder dan in Australazië (3,8%), in Polynesië (2,1%) en in Melanesië (1,5%).

Leiders. De waarde van het transport in Micronesië in de jaren 2000 bestond uit: Federale Staten van Micronesië (27,9%), Palau (26,9%), Marshalleilanden (20,2%), Kiribati (17,9%), Nauru (8,0%). Het aandeel van het transport in economie van de leiders: Nauru (16,2%), Kiribati (10,6%), Palau (9,6%), Marshalleilanden (9,2%) en Federale Staten van Micronesië (7,0%). De waarde van het transport per hoofd in Micronesië onder de leiders: Palau ($818,6), Nauru ($468,2), Marshalleilanden ($218,9), FS van Micronesië ($155,0) en Kiribati ($114,2). De groei van het transport onder de leiders: Palau (4,0%), Marshalleilanden (1,8%), Kiribati (-0,59%), Federale Staten van Micronesië (-1,2%) en Nauru (-8,2%).

de jaren 2010

Het vervoer van Micronesië bedroeg in de jaren 2010 US$99,5 miljoen per jaar, en was vergelijkbaar met Grenada (US$99,4 miljoen), Burundi (US$101,6 miljoen), de Britse Maagdeneilanden (US$102,0 miljoen). Het aandeel in de wereld was 0,0016%, en 0,083% in Oceanië.

Het aandeel van het transport in de economie van Micronesië was 9,6% in de jaren 2010, en was vergelijkbaar met Senegal (9,6%), Europa (9,6%), Frankrijk (9,7%).

De sector van het transport per hoofd in Micronesië was $327,4 in de jaren 2010s, en was vergelijkbaar met Zuidoost-Azië (US$327,5), Guyana (US$327,1), China (US$331,0). De sector van het transport per hoofd in Micronesië was in 2,6 keer lager dan het transport per hoofd van de bevolking in de wereld ($864,8), en was in 9,4 keer lager dan het transport per hoofd van de bevolking in Oceanië ($864,8).

De groei van het transport in Micronesië bedroeg 6.7% in de jaren 2010, en was vergelijkbaar met Malta (6,7%), Centraal-Azië (6,7%). De groei van het transport in Micronesië (6,7%) was groter dan de groei van het transport in de wereld (4,0%), was groter dan de groei van het transport in Oceanië (2,3%).

Vergelijking met subregio's. Het vervoer van Micronesië was 1.179,4 keer minder dan in Australazië (US$117,4 miljard), 21,6 keer minder dan in Melanesië (US$2,1 miljard) en 7,6 keer minder dan in Polynesië (US$758,0 miljoen). Het vervoer per hoofd in Micronesië was in Micronesië53,0% groter dan in Melanesië (US$214,0); maar 12,7 keer minder dan in Australazië (US$4,1 duizend) en 3,9 keer minder dan in Polynesië (US$1.271,6). De groei van het transport in Micronesië was groter dan in Melanesië (4,1%), in Polynesië (2,9%) en in Australazië (2,3%).

Leiders. Het vervoer van Micronesië in de jaren 2010 bestond uit: Palau (25,1%), Nauru (22,1%), FS van Micronesië (19,3%), Marshalleilanden (17,4%), Kiribati (16,2%). Het aandeel van het transport in economie van de leiders: Nauru (19,2%), Palau (11,2%), Marshalleilanden (9,1%), Kiribati (8,7%) en Federale Staten van Micronesië (6,0%). De sector van het transport per hoofd in Micronesië onder de leiders: Nauru ($2.121,7), Palau ($1.404,5), Marshalleilanden ($300,8), Federale Staten van Micronesië ($177,7) en Kiribati ($146,0). De groei van het transport onder de leiders: Nauru (17,4%), Palau (10,3%), Marshalleilanden (6,5%), FS van Micronesië (0,94%) en Kiribati (0,68%).

Hoofdstuk VIII. Handel

Groothandel, detailhandel, restaurants en hotels (ISIC G-H)

De sector van de handel in Micronesië steeg van US$21,5 miljoen per jaar in de jaren 1970 tot US$176,1 miljoen per jaar in de jaren 2010, dat wil zeggen met US$154,7 miljoen of 8,2 keer. De verandering vond plaats op US$145,6 miljoen als gevolg van een 5,8-voudige stijging van de prijzen, en ook op -US$9,3 miljoen als gevolg van een 1,3-voudige afname van de productiviteit , evenals op US$18,4 miljoen als gevolg van de toename van de bevolking. De gemiddelde jaarlijkse groei van de handel is 1,3%. De minimumwaarde van de handel bedroeg US$10,8 miljoen in 1970. De maximumwaarde van de handel bedroeg US$204,7 miljoen in 2016.

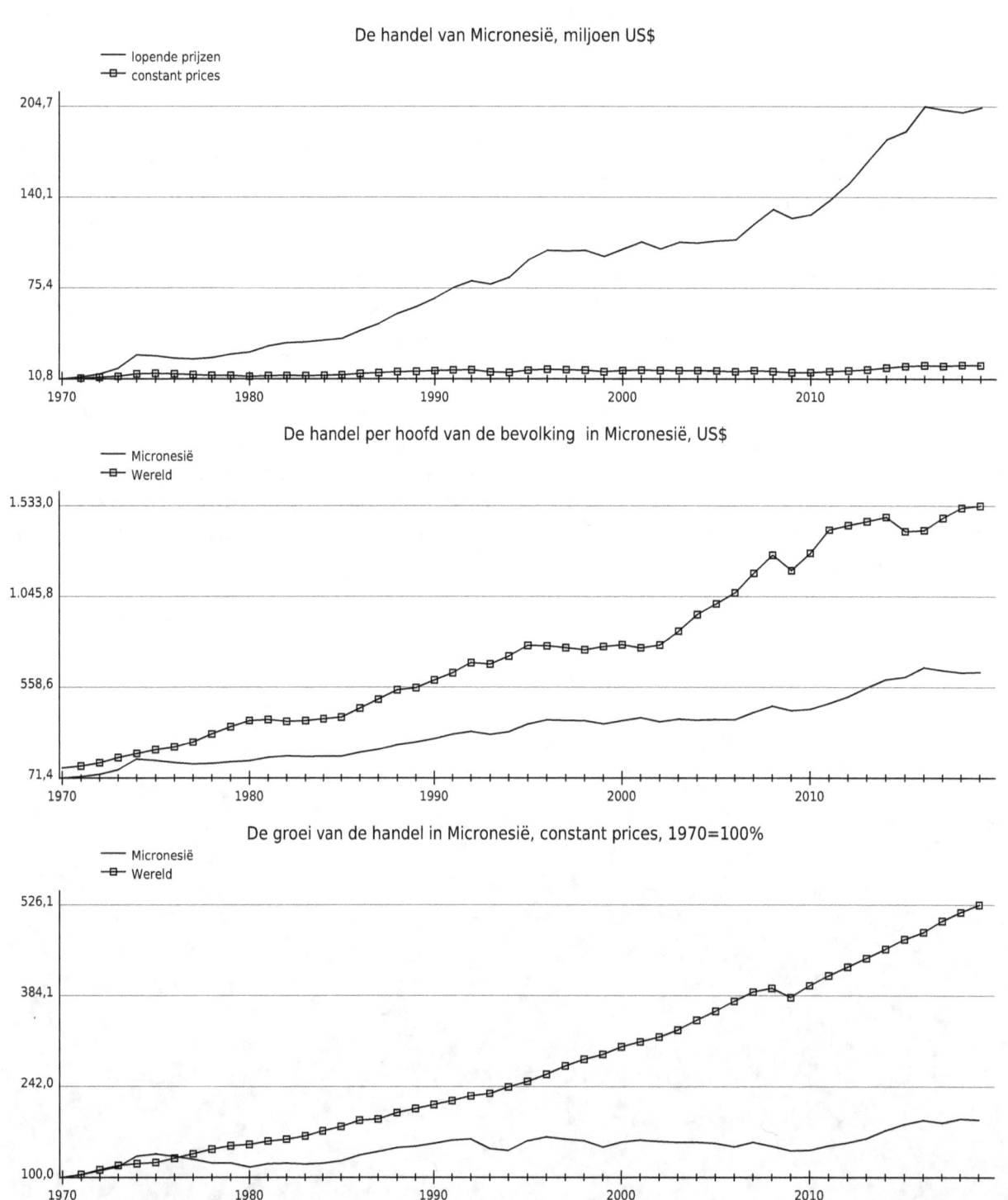

De handel van Micronesië, miljoen US$

De handel per hoofd van de bevolking in Micronesië, US$

De groei van de handel in Micronesië, constant prices, 1970=100%

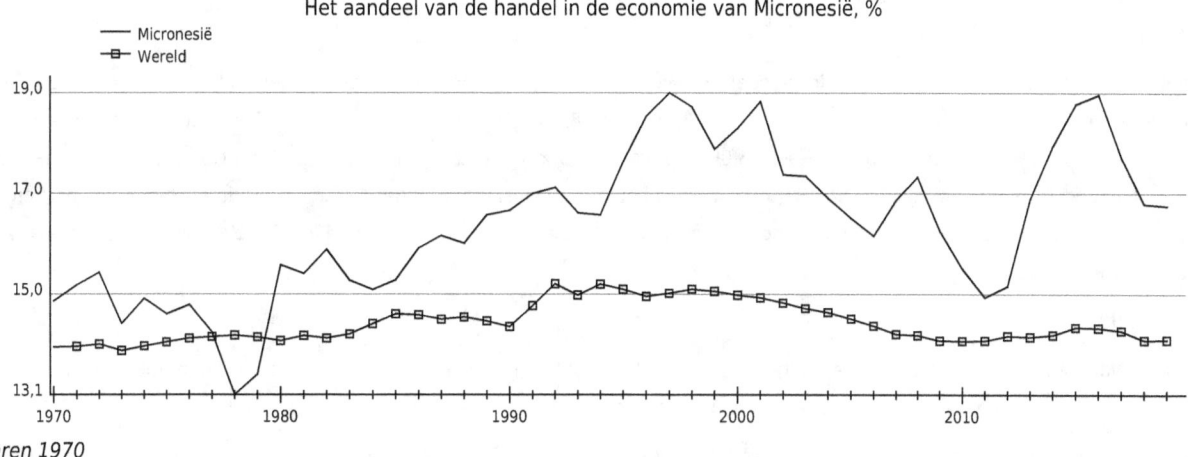

Het aandeel van de handel in de economie van Micronesië, %

— Micronesië
—□— Wereld

de jaren 1970

De toegevoegde waarde van de handel in Micronesië bedroeg in de jaren 1970 US$21,5 miljoen per jaar, en was vergelijkbaar met de Comoren (US$21,0 miljoen). Het aandeel in de wereld was 0,0024%, en 0,17% in Oceanië.

Het aandeel van de handel in de economie van Micronesië was 14,4% in de jaren 1970, en was vergelijkbaar met Oost-Azië (14,4%), Uruguay (14,5%), Laos (14,5%).

De sector van de handel per hoofd in Micronesië was $131,2 in de jaren 1970s, en was vergelijkbaar met Ecuador (US$130,8), Belize (US$133,1), Bulgarije (US$134,2). De toegevoegde waarde van de handel per hoofd in Micronesië was 40,6% lager dan de handel per hoofd van de bevolking in de wereld ($221,0), en was in 4,6 keer lager dan de handel per hoofd van de bevolking in Oceanië ($221,0).

De groei van de handel in Micronesië bedroeg 2.2% in de jaren 1970, en was vergelijkbaar met Dominica (2,2%), Denemarken (2,2%). De groei van de handel in Micronesië (2,2%) was minder dan de groei van de handel in de wereld (4,5%), was groter dan de groei van de handel in Oceanië (1,6%).

Vergelijking met subregio's. De waarde van de handel in Micronesië was minder dan in Australazië (US$11,8 miljard), in Melanesië (US$847,5 miljoen) en in Polynesië (US$111,7 miljoen). De handel per hoofd in Micronesië was in Micronesië minder dan in Australazië (US$705,3), in Polynesië (US$283,6) en in Melanesië (US$206,7). De groei van de handel in Micronesië was groter dan in Australazië (1,6%) en in Melanesië (1,2%); maar minder dan in Polynesië (5,7%).

Leiders. De toegevoegde waarde van de handel in Micronesië in de jaren 1970 bestond uit: FS van Micronesië (25,2%), Nauru (23,7%), Kiribati (21,9%), Marshalleilanden (17,6%), Palau (11,6%). Het aandeel van de handel in economie van de leiders: Marshalleilanden (25,9%), Nauru (16,4%), Palau (14,5%), Federale Staten van Micronesië (13,2%) en Kiribati (10,3%). De toegevoegde waarde van de handel per hoofd in Micronesië onder de leiders: Nauru ($715,9), Palau ($200,0), Marshalleilanden ($151,7), Kiribati ($85,7) en FS van Micronesië ($84,1). De groei van de handel onder de leiders: Marshalleilanden (6,6%), FS van Micronesië (6,6%), Nauru (1,1%), Palau (0,15%) en Kiribati (-2,9%).

de jaren 1980

De sector van de handel in Micronesië bedroeg in de jaren 1980 US$42,9 miljoen per jaar. Het aandeel in de wereld was 0,0020%, en 0,14% in Oceanië.

Het aandeel van de handel in de economie van Micronesië was 15,8% in de jaren 1980, en was vergelijkbaar met Samoa (15,8%), Zambia (15,9%), Nauru (16,0%).

De handel per hoofd in Micronesië was $206,5 in de jaren 1980s, en was vergelijkbaar met Thailand (US$207,5), Sao Tomé en Principe (US$210,0), Nigeria (US$202,9). De waarde van de handel per hoofd in Micronesië was in 2,1 keer lager dan de handel per hoofd van de bevolking in de wereld ($437,7), en was in 5,8 keer lager dan de handel per hoofd van de bevolking in Oceanië ($437,7).

De groei van de handel in Micronesië bedroeg 2% in de jaren 1980. De groei van de handel in Micronesië (2,0%) was minder dan de groei van de handel in de wereld (3,3%), was minder dan de groei van de handel in Oceanië (2,5%).

Vergelijking met subregio's. De handel van Micronesië was minder dan in Australazië (US$27,8 miljard), in Melanesië (US$1,4 miljard) en in Polynesië (US$316,0 miljoen). De waarde van de handel per hoofd in Micronesië was in Micronesië minder dan in Australazië

(US$1.476,2), in Polynesië (US$696,8) en in Melanesië (US$267,6). De groei van de handel in Micronesië was minder dan in Polynesië (3,7%), in Melanesië (2,7%) en in Australazië (2,5%).

Leiders. De toegevoegde waarde van de handel in Micronesië in de jaren 1980 bestond uit: FS van Micronesië (30,9%), Marshalleilanden (27,3%), Palau (17,1%), Nauru (16,1%), Kiribati (8,5%). Het aandeel van de handel in economie van de leiders: Marshalleilanden (26,0%), Nauru (16,0%), Palau (15,0%), FS van Micronesië (13,2%) en Kiribati (11,1%). De sector van de handel per hoofd in Micronesië onder de leiders: Nauru ($815,4), Palau ($549,9), Marshalleilanden ($310,2), Federale Staten van Micronesië ($158,0) en Kiribati ($57,1). De groei van de handel onder de leiders: Marshalleilanden (5,5%), Palau (3,1%), FS van Micronesië (2,9%), Kiribati (-1,6%) en Nauru (-2,4%).

de jaren 1990

De waarde van de handel in Micronesië bedroeg in de jaren 1990 US$88,5 miljoen per jaar, en was vergelijkbaar met Lesotho (US$89,8 miljoen). Het aandeel in de wereld was 0,0022%, en 0,16% in Oceanië.

Het aandeel van de handel in de economie van Micronesië was 17,7% in de jaren 1990, en was vergelijkbaar met Melanesië (17,6%), Bermuda (17,6%), Zuid-Europa (17,7%).

De handel per hoofd in Micronesië was $341,5 in de jaren 1990s, en was vergelijkbaar met Azië (US$337,1), Venezuela (US$336,0). De sector van de handel per hoofd in Micronesië was in 2,1 keer lager dan de handel per hoofd van de bevolking in de wereld ($721,8), en was in 5,6 keer lager dan de handel per hoofd van de bevolking in Oceanië ($721,8).

De groei van de handel in Micronesië bedroeg -0.1% in de jaren 1990. De groei van de handel in Micronesië (-0,091%) was minder dan de groei van de handel in de wereld (3,5%), was minder dan de groei van de handel in Oceanië (3,3%).

Vergelijking met subregio's. De sector van de handel in Micronesië was minder dan in Australazië (US$52,5 miljard), in Melanesië (US$2,2 miljard) en in Polynesië (US$633,0 miljoen). De sector van de handel per hoofd in Micronesië was in Micronesië groter dan in Melanesië (US$327,4); maar minder dan in Australazië (US$2,4 duizend) en in Polynesië (US$1.241,9). De groei van de handel in Micronesië was groter dan in Melanesië (-1,6%); maar minder dan in Australazië (3,5%) en in Polynesië (2,2%).

Leiders. De toegevoegde waarde van de handel in Micronesië in de jaren 1990 bestond uit: Palau (34,9%), Federale Staten van Micronesië (29,3%), Marshalleilanden (22,1%), Nauru (7,2%), Kiribati (6,5%). Het aandeel van de handel in economie van de leiders: Palau (25,8%), Marshalleilanden (20,8%), Nauru (16,5%), FS van Micronesië (13,3%) en Kiribati (10,8%). De toegevoegde waarde van de handel per hoofd in Micronesië onder de leiders: Palau ($1.824,5), Nauru ($618,9), Marshalleilanden ($393,7), Federale Staten van Micronesië ($247,4) en Kiribati ($74,1). De groei van de handel onder de leiders: Palau (3,3%), Kiribati (2,4%), Federale Staten van Micronesië (1,7%), Marshalleilanden (-3,2%) en Nauru (-13,2%).

de jaren 2000

De toegevoegde waarde van de handel in Micronesië bedroeg in de jaren 2000 US$112,6 miljoen per jaar, en was vergelijkbaar met Samoa (US$112,0 miljoen). Het aandeel in de wereld was 0,0017%, en 0,12% in Oceanië.

Het aandeel van de handel in de economie van Micronesië was 17,1% in de jaren 2000, en was vergelijkbaar met Oostenrijk (17,2%), Argentinië (17,1%), Laos (17,2%).

De toegevoegde waarde van de handel per hoofd in Micronesië was $400,5 in de jaren 2000s, en was vergelijkbaar met Libië (US$395,6), Servië (US$392,0), Swaziland (US$391,6). De handel per hoofd in Micronesië was in 2,5 keer lager dan de handel per hoofd van de bevolking in de wereld ($990,3), en was in 7,3 keer lager dan de handel per hoofd van de bevolking in Oceanië ($990,3).

De groei van de handel in Micronesië bedroeg -0.4% in de jaren 2000. De groei van de handel in Micronesië (-0,39%) was minder dan de groei van de handel in de wereld (2,7%), was minder dan de groei van de handel in Oceanië (3,0%).

Vergelijking met subregio's. De toegevoegde waarde van de handel in Micronesië was minder dan in Australazië (US$94,1 miljard), in Melanesië (US$2,2 miljard) en in Polynesië (US$941,5 miljoen). De waarde van de handel per hoofd in Micronesië was in Micronesië groter dan in Melanesië (US$271,0); maar minder dan in Australazië (US$3,9 duizend) en in Polynesië (US$1.669,0). De groei van de handel in Micronesië was minder dan in Melanesië (4,2%), in Australazië (3,0%) en in Polynesië (2,0%).

Leiders. De sector van de handel in Micronesië in de jaren 2000 bestond uit: Palau (36,2%), FS van Micronesië (31,3%), Marshalleilanden (21,0%), Kiribati (6,7%), Nauru (4,7%). Het aandeel van de handel in economie van de leiders: Palau (24,9%), Nauru

(18,4%), Marshalleilanden (18,4%), Federale Staten van Micronesië (15,0%) en Kiribati (7,6%). De handel per hoofd in Micronesië onder de leiders: Palau ($2.111,7), Nauru ($532,3), Marshalleilanden ($437,5), Federale Staten van Micronesië ($333,3) en Kiribati ($82,2). De groei van de handel onder de leiders: Kiribati (2,8%), Marshalleilanden (2,3%), FS van Micronesië (-0,49%), Palau (-1,7%) en Nauru (-2,8%).

de jaren 2010

De handel van Micronesië bedroeg in de jaren 2010 US$176,1 miljoen per jaar, en was vergelijkbaar met Vanuatu (US$179,9 miljoen). Het aandeel in de wereld was 0,0017%, en 0,099% in Oceanië.

Het aandeel van de handel in de economie van Micronesië was 17,0% in de jaren 2010, en was vergelijkbaar met Saint Kitts en Nevis (17,1%), Oekraïne (17,1%), Noord-Macedonië (16,9%).

De handel per hoofd in Micronesië was $579,5 in de jaren 2010s, en was vergelijkbaar met Centraal-Azië (US$579,9), Kaapverdië (US$581,4), Albanië (US$575,4). De handel per hoofd in Micronesië was in 2,5 keer lager dan de handel per hoofd van de bevolking in de wereld ($1.436,8), en was in 7,9 keer lager dan de handel per hoofd van de bevolking in Oceanië ($1.436,8).

De groei van de handel in Micronesië bedroeg 3% in de jaren 2010. De groei van de handel in Micronesië (3,0%) was minder dan de groei van de handel in de wereld (3,3%), was groter dan de groei van de handel in Oceanië (2,0%).

Vergelijking met subregio's. De waarde van de handel in Micronesië was 980,1 keer minder dan in Australazië (US$172,6 miljard), 26,9 keer minder dan in Melanesië (US$4,7 miljard) en 6,4 keer minder dan in Polynesië (US$1,1 miljard). De sector van de handel per hoofd in Micronesië was in Micronesië23,0% groter dan in Melanesië (US$471,1); maar 10,5 keer minder dan in Australazië (US$6,1 duizend) en 3,2 keer minder dan in Polynesië (US$1.878,6). De groei van de handel in Micronesië was groter dan in Polynesië (2,1%), in Melanesië (2,1%) en in Australazië (2,0%).

Leiders. De handel van Micronesië in de jaren 2010 bestond uit: Palau (37,7%), FS van Micronesië (25,7%), Marshalleilanden (17,0%), Nauru (12,6%), Kiribati (7,0%). Het aandeel van de handel in economie van de leiders: Palau (29,7%), Nauru (19,3%), Marshalleilanden (15,7%), FS van Micronesië (14,2%) en Kiribati (6,6%). De toegevoegde waarde van de handel per hoofd in Micronesië onder de leiders: Palau ($3.740,7), Nauru ($2.142,3), Marshalleilanden ($520,2), FS van Micronesië ($418,4) en Kiribati ($112,2). De groei van de handel onder de leiders: Nauru (16,9%), Marshalleilanden (3,5%), Kiribati (3,5%), Palau (1,7%) en FS van Micronesië (1,0%).

Hoofdstuk IX. Diensten

(ISIC J-P)

De diensten van Micronesië zijn gestegen van US$49,5 miljoen per jaar in de jaren 1970 tot US$442,5 miljoen per jaar in de jaren 2010, dat wil zeggen met US$393,0 miljoen of 8,9 keer. De verandering vond plaats op US$355,7 miljoen als gevolg van een 5,1-voudige stijging van de prijzen, en ook op -US$5,2 miljoen als gevolg van een 1,1-voudige afname van de productiviteit , evenals op US$42,5 miljoen als gevolg van de toename van de bevolking. De gemiddelde jaarlijkse groei van de diensten is 1,8%. De minimumwaarde van de diensten bedroeg US$25,6 miljoen in 1970. De maximumwaarde van de diensten bedroeg US$541,6 miljoen in 2018.

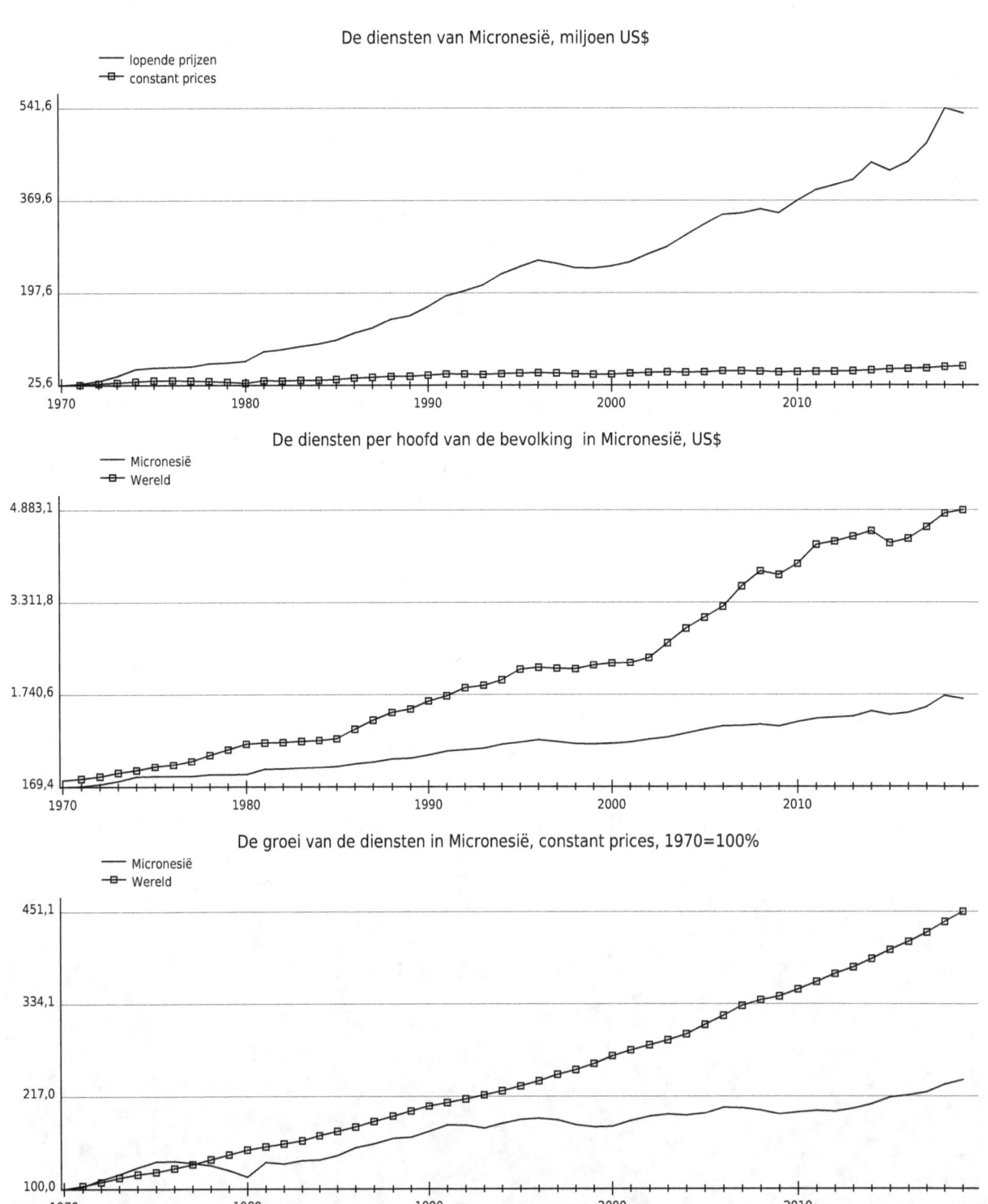

De diensten van Micronesië, miljoen US$

De diensten per hoofd van de bevolking in Micronesië, US$

De groei van de diensten in Micronesië, constant prices, 1970=100%

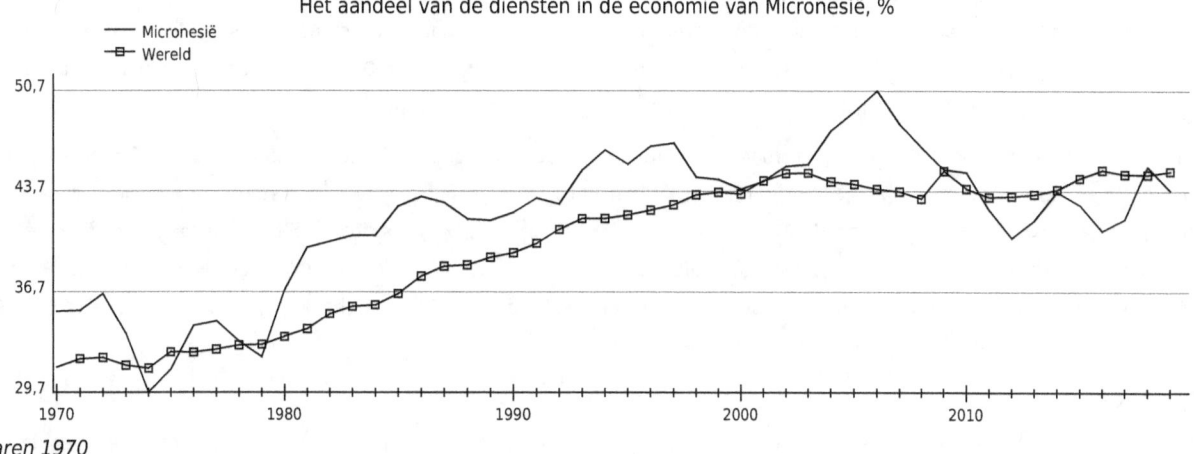

Het aandeel van de diensten in de economie van Micronesië, %

— Micronesië
—□— Wereld

de jaren 1970

De toegevoegde waarde van de diensten in Micronesië bedroeg in de jaren 1970 US$49,5 miljoen per jaar. Het aandeel in de wereld was 0,0024%, en 0,13% in Oceanië.

Het aandeel van de diensten in de economie van Micronesië was 33,2% in de jaren 1970, en was vergelijkbaar met Grenada (33,2%), Bahrein (33,2%), Jamaica (33,3%).

De toegevoegde waarde van de diensten per hoofd in Micronesië was $302,7 in de jaren 1970s, en was vergelijkbaar met Colombia (US$302,2), de FS van Micronesië (US$305,7), Saint Lucia (US$299,0). De toegevoegde waarde van de diensten per hoofd in Micronesië was 40,3% lager dan de diensten per hoofd van de bevolking in de wereld ($506,9), en was in 6,1 keer lager dan de diensten per hoofd van de bevolking in Oceanië ($506,9).

De groei van de diensten in Micronesië bedroeg 2.3% in de jaren 1970, en was vergelijkbaar met de Cookeilanden (2,3%). De groei van de diensten in Micronesië (2,3%) was minder dan de groei van de diensten in de wereld (4,1%), was minder dan de groei van de diensten in Oceanië (4,0%).

Vergelijking met subregio's. De waarde van de diensten in Micronesië was minder dan in Australazië (US$37,7 miljard), in Melanesië (US$1,3 miljard) en in Polynesië (US$372,1 miljoen). De diensten per hoofd in Micronesië waren in Micronesië minder dan in Australazië (US$2,3 duizend), in Polynesië (US$944,7) en in Melanesië (US$308,0). De groei van de diensten in Micronesië was minder dan in Polynesië (5,0%), in Melanesië (4,7%) en in Australazië (4,0%).

Leiders. De toegevoegde waarde van de diensten in Micronesië in de jaren 1970 bestond uit: Federale Staten van Micronesië (39,7%), Nauru (17,9%), Marshalleilanden (16,4%), Palau (13,6%), Kiribati (12,5%). Het aandeel van de diensten in economie van de leiders: Marshalleilanden (55,5%), FS van Micronesië (47,9%), Palau (39,0%), Nauru (28,6%) en Kiribati (13,6%). De sector van de diensten per hoofd in Micronesië onder de leiders: Nauru ($1.248,5), Palau ($538,9), Marshalleilanden ($324,8), FS van Micronesië ($305,7) en Kiribati ($112,6). De groei van de diensten onder de leiders: Marshalleilanden (6,6%), FS van Micronesië (6,6%), Nauru (1,1%), Palau (0,15%) en Kiribati (-7,8%).

de jaren 1980

De toegevoegde waarde van de diensten in Micronesië bedroeg in de jaren 1980 US$111,9 miljoen per jaar. Het aandeel in de wereld was 0,0021%, en 0,11% in Oceanië.

Het aandeel van de diensten in de economie van Micronesië was 41,3% in de jaren 1980, en was vergelijkbaar met Zweden (41,4%), Jordanië (41,5%), Noord-Europa (41,5%).

De sector van de diensten per hoofd in Micronesië was $538,7 in de jaren 1980s, en was vergelijkbaar met Jamaica (US$538,8), Ecuador (US$533,0), Joegoslavië (US$528,2). De diensten per hoofd in Micronesië waren in 2,1 keer lager dan de diensten per hoofd van de bevolking in de wereld ($1.115,5), en waren in 7,3 keer lager dan de diensten per hoofd van de bevolking in Oceanië ($1.115,5).

De groei van de diensten in Micronesië bedroeg 3% in de jaren 1980, en was vergelijkbaar met Centraal-Amerika (2,9%), Guinee (3,0%), Noord-Europa (3,0%). De groei van de diensten in Micronesië (3,0%) was minder dan de groei van de diensten in de wereld (3,3%), was minder dan de groei van de diensten in Oceanië (4,0%).

Vergelijking met subregio's. De waarde van de diensten in Micronesië was minder dan in Australazië (US$93,3 miljard), in Melanesië (US$3,1 miljard) en in Polynesië (US$1,1 miljard). De waarde van de diensten per hoofd in Micronesië was in Micronesië minder dan in Australazië (US$4,9 duizend), in Polynesië (US$2,4 duizend) en in Melanesië (US$580,7). De groei van de diensten in Micronesië was groter dan in Melanesië (1,5%); maar minder dan in Polynesië (6,0%) en in Australazië (4,0%).

Leiders. De waarde van de diensten in Micronesië in de jaren 1980 bestond uit: Federale Staten van Micronesië (43,1%), Marshalleilanden (22,4%), Palau (16,2%), Nauru (10,7%), Kiribati (7,6%). Het aandeel van de diensten in economie van de leiders: Marshalleilanden (55,5%), FS van Micronesië (47,9%), Palau (37,0%), Nauru (27,8%) en Kiribati (25,6%). De toegevoegde waarde van de diensten per hoofd in Micronesië onder de leiders: Nauru ($1.422,1), Palau ($1.353,9), Marshalleilanden ($662,8), FS van Micronesië ($574,6) en Kiribati ($132,2). De groei van de diensten onder de leiders: Kiribati (14,5%), Marshalleilanden (5,3%), Palau (3,2%), FS van Micronesië (2,9%) en Nauru (-2,4%).

de jaren 1990

De waarde van de diensten in Micronesië bedroeg in de jaren 1990 US$225,4 miljoen per jaar, en was vergelijkbaar met de Britse Maagdeneilanden (US$229,7 miljoen). Het aandeel in de wereld was 0,0020%, en 0,12% in Oceanië.

Het aandeel van de diensten in de economie van Micronesië was 45,0% in de jaren 1990, en was vergelijkbaar met Zuid-Amerika (44,9%), Oceanië (45,1%), Australazië (45,3%).

De sector van de diensten per hoofd in Micronesië was $870,1 in de jaren 1990s, en was vergelijkbaar met Mauritius (US$873,0), Polen (US$873,3), de FS van Micronesië (US$882,7). De waarde van de diensten per hoofd in Micronesië was in 2,3 keer lager dan de diensten per hoofd van de bevolking in de wereld ($2.014,6), en was in 7,4 keer lager dan de diensten per hoofd van de bevolking in Oceanië ($2.014,6).

De groei van de diensten in Micronesië bedroeg 0.8% in de jaren 1990. De groei van de diensten in Micronesië (0,75%) was minder dan de groei van de diensten in de wereld (2,7%), was minder dan de groei van de diensten in Oceanië (3,6%).

Vergelijking met subregio's. De diensten van Micronesië waren minder dan in Australazië (US$178,7 miljard), in Melanesië (US$4,5 miljard) en in Polynesië (US$2,2 miljard). De sector van de diensten per hoofd in Micronesië was in Micronesië groter dan in Melanesië (US$684,2); maar minder dan in Australazië (US$8,3 duizend) en in Polynesië (US$4,3 duizend). De groei van de diensten in Micronesië was minder dan in Australazië (3,6%), in Melanesië (3,4%) en in Polynesië (2,0%).

Leiders. De diensten van Micronesië in de jaren 1990 bestonden uit: Federale Staten van Micronesië (41,0%), Palau (22,0%), Marshalleilanden (21,9%), Kiribati (10,2%), Nauru (4,9%). Het aandeel van de diensten in economie van de leiders: Marshalleilanden (52,3%), FS van Micronesië (47,3%), Kiribati (43,2%), Palau (41,4%) en Nauru (28,7%). De sector van de diensten per hoofd in Micronesië onder de leiders: Palau ($2.930,1), Nauru ($1.078,8), Marshalleilanden ($991,5), FS van Micronesië ($882,7) en Kiribati ($297,0). De groei van de diensten onder de leiders: Kiribati (5,0%), Palau (2,6%), FS van Micronesië (2,1%), Marshalleilanden (-0,32%) en Nauru (-13,3%).

de jaren 2000

De waarde van de diensten in Micronesië bedroeg in de jaren 2000 US$307,6 miljoen per jaar, en was vergelijkbaar met de Seychellen (US$309,7 miljoen). Het aandeel in de wereld was 0,0016%, en 0,083% in Oceanië.

Het aandeel van de diensten in de economie van Micronesië was 46,8% in de jaren 2000, en was vergelijkbaar met Brazilië (46,8%), Italië (46,6%), de FS van Micronesië (46,6%).

De waarde van de diensten per hoofd in Micronesië was $1.093,7 in de jaren 2000s, en was vergelijkbaar met Noord-Macedonië (US$1.102,8), de Dominicaanse Republiek (US$1.106,0), Azië (US$1.071,6). De diensten per hoofd in Micronesië waren in 2,8 keer lager dan de diensten per hoofd van de bevolking in de wereld ($3.011,2), en waren in 10,2 keer lager dan de diensten per hoofd van de bevolking in Oceanië ($3.011,2).

De groei van de diensten in Micronesië bedroeg 0.9% in de jaren 2000. De groei van de diensten in Micronesië (0,90%) was minder dan de groei van de diensten in de wereld (2,9%), was minder dan de groei van de diensten in Oceanië (3,2%).

Vergelijking met subregio's. De toegevoegde waarde van de diensten in Micronesië was minder dan in Australazië (US$361,0 miljard), in Melanesië (US$6,1 miljard) en in Polynesië (US$3,1 miljard). De sector van de diensten per hoofd in Micronesië was in Micronesië groter dan in Melanesië (US$743,8); maar minder dan in Australazië (US$14,9 duizend) en in Polynesië (US$5,5 duizend). De groei van de diensten in Micronesië was minder dan in Australazië (3,2%), in Polynesië (2,6%) en in Melanesië (2,2%).

Leiders. De waarde van de diensten in Micronesië in de jaren 2000 bestond uit: Federale Staten van Micronesië (35,7%), Palau (24,8%), Marshalleilanden (21,1%), Kiribati (15,0%), Nauru (3,4%). Het aandeel van de diensten in economie van de leiders: Marshalleilanden (50,3%), FS van Micronesië (46,6%), Kiribati (46,5%), Palau (46,4%) en Nauru (36,4%). De toegevoegde waarde van de diensten per hoofd in Micronesië onder de leiders: Palau ($3.941,3), Marshalleilanden ($1.198,8), Nauru ($1.051,8), FS van Micronesië ($1.038,1) en Kiribati ($501,9). De groei van de diensten onder de leiders: Kiribati (2,3%), Marshalleilanden (2,1%), FS van Micronesië (0,70%), Palau (-0,045%) en Nauru (-3,0%).

de jaren 2010

De waarde van de diensten in Micronesië bedroeg in de jaren 2010 US$442,5 miljoen per jaar, en was vergelijkbaar met Grenada (US$440,6 miljoen). Het aandeel in de wereld was 0,0014%, en 0,056% in Oceanië.

Het aandeel van de diensten in de economie van Micronesië was 42,8% in de jaren 2010, en was vergelijkbaar met Letland (42,8%), de Cookeilanden (42,6%), Zuidelijk Afrika (42,9%).

De toegevoegde waarde van de diensten per hoofd in Micronesië was $1.456,0 in de jaren 2010s, en was vergelijkbaar met Georgië (US$1.455,3), Tonga (US$1.445,6), Irak (US$1.472,1). De diensten per hoofd in Micronesië waren in 3,1 keer lager dan de diensten per hoofd van de bevolking in de wereld ($4.467,8), en waren in 13,9 keer lager dan de diensten per hoofd van de bevolking in Oceanië ($4.467,8).

De groei van de diensten in Micronesië bedroeg 2% in de jaren 2010, en was vergelijkbaar met Samoa (2,0%). De groei van de diensten in Micronesië (2,0%) was minder dan de groei van de diensten in de wereld (2,7%), was minder dan de groei van de diensten in Oceanië (2,9%).

Vergelijking met subregio's. De diensten van Micronesië waren 1.756,4 keer minder dan in Australazië (US$777,2 miljard), 29,1 keer minder dan in Melanesië (US$12,9 miljard) en 8,4 keer minder dan in Polynesië (US$3,7 miljard). De toegevoegde waarde van de diensten per hoofd in Micronesië was in Micronesië13,6% groter dan in Melanesië (US$1.281,5); maar 18,9 keer minder dan in Australazië (US$27,4 duizend) en 4,3 keer minder dan in Polynesië (US$6,2 duizend). De groei van de diensten in Micronesië was groter dan in Polynesië (0,50%); maar minder dan in Melanesië (4,1%) en in Australazië (2,9%).

Leiders. De toegevoegde waarde van de diensten in Micronesië in de jaren 2010 bestond uit: Federale Staten van Micronesië (32,8%), Palau (23,2%), Marshalleilanden (19,9%), Kiribati (19,1%), Nauru (5,1%). Het aandeel van de diensten in economie van de leiders: Marshalleilanden (46,1%), Palau (45,9%), Kiribati (45,4%), Federale Staten van Micronesië (45,4%) en Nauru (19,7%). De diensten per hoofd in Micronesië onder de leiders: Palau ($5.773,5), Nauru ($2.177,8), Marshalleilanden ($1.530,9), FS van Micronesië ($1.341,0) en Kiribati ($766,3). De groei van de diensten onder de leiders: Nauru (8,3%), Marshalleilanden (3,7%), Kiribati (2,5%), Federale Staten van Micronesië (1,0%) en Palau (0,82%).

Part III. Externe betrekkingen

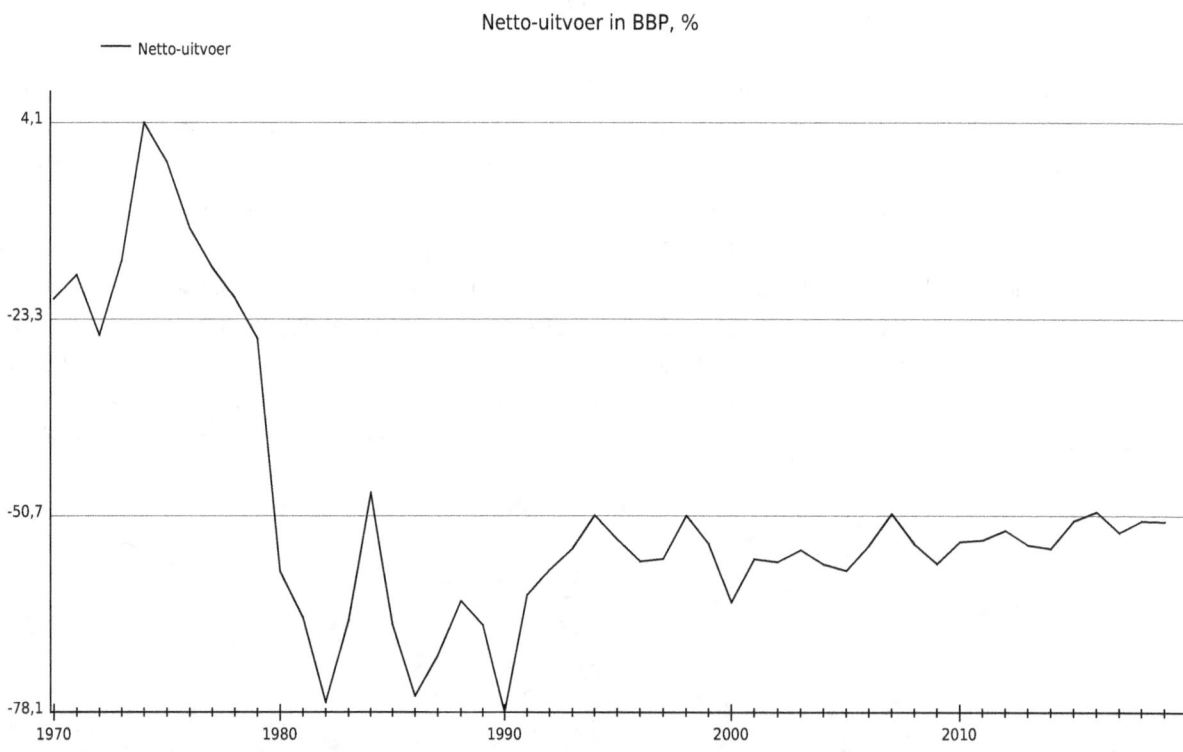

Netto-uitvoer in BBP, %

Hoofdstuk X. Uitvoer

Uitvoer van goederen en diensten

De waarde van de export in Micronesië steeg van US$65,5 miljoen per jaar in de jaren 1970 tot US$357,6 miljoen per jaar in de jaren 2010, dat wil zeggen met US$292,0 miljoen of 5,5 keer. De verandering vond plaats op US$286,0 miljoen als gevolg van een 5,0-voudige stijging van de prijzen, en ook op -US$50,2 miljoen als gevolg van een 1,7-voudige afname van het tarief per hoofd , evenals op US$56,2 miljoen als gevolg van de toename van de bevolking. De gemiddelde jaarlijkse groei van de export is 0,76%. De minimumwaarde van de export bedroeg US$28,1 miljoen in 1970. De maximumwaarde van de export bedroeg US$386,9 miljoen in 2017.

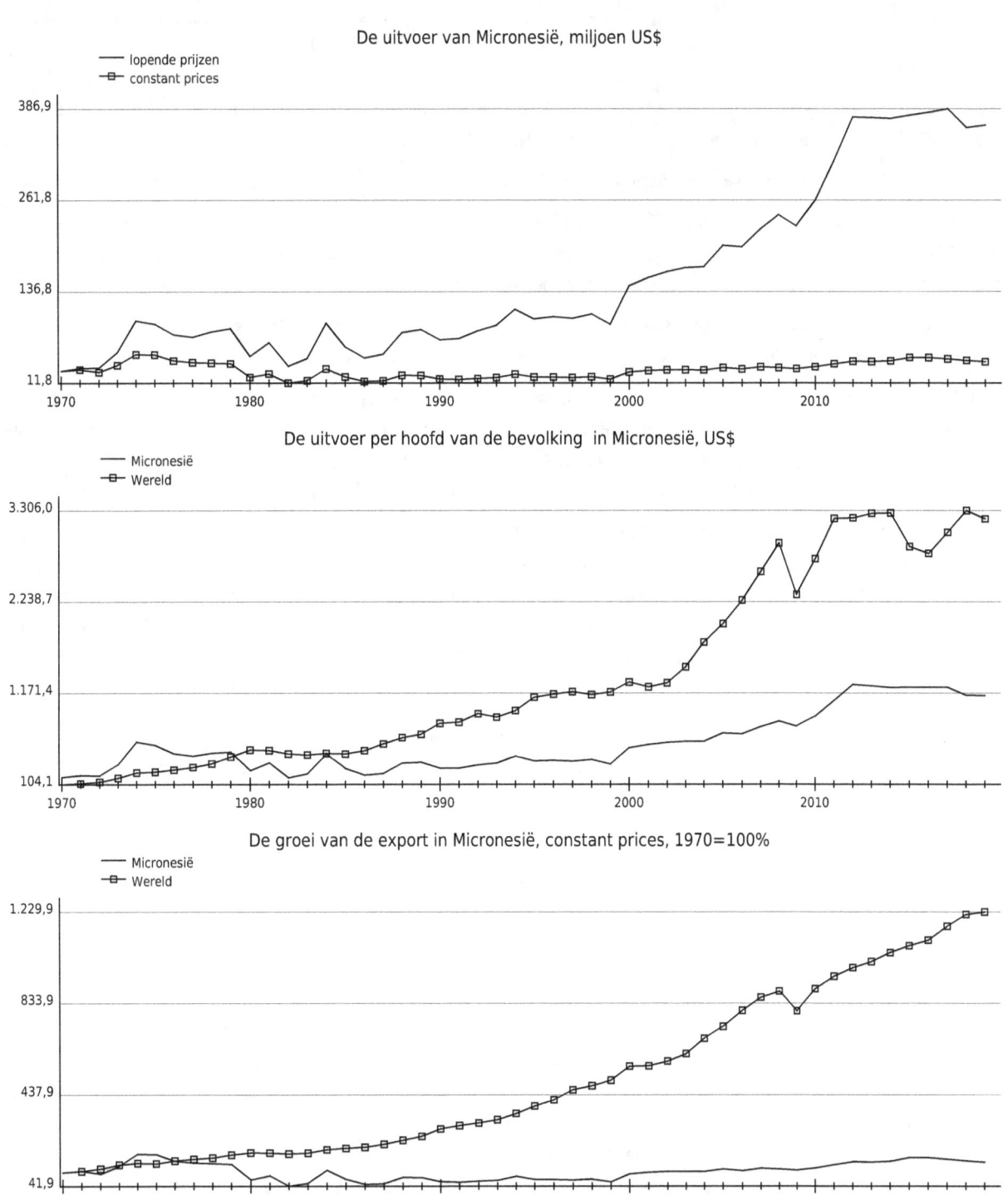

De uitvoer van Micronesië, miljoen US$

De uitvoer per hoofd van de bevolking in Micronesië, US$

De groei van de export in Micronesië, constant prices, 1970=100%

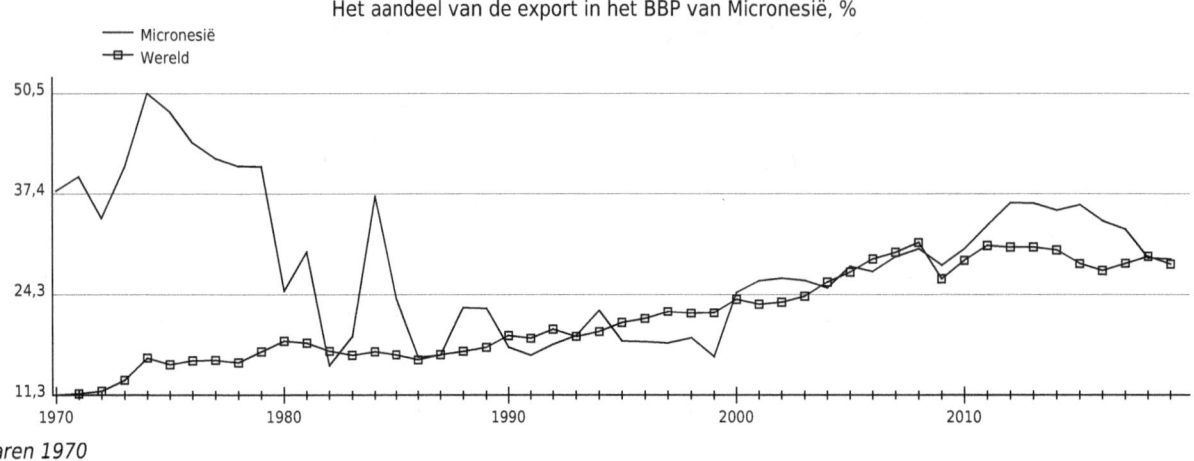

Het aandeel van de export in het BBP van Micronesië, %

de jaren 1970

De uitvoer van Micronesië bedroeg in de jaren 1970 US$65,5 miljoen per jaar, en was vergelijkbaar met Jemen (US$66,3 miljoen), Somalië (US$67,2 miljoen). Het aandeel in de wereld was 0,0067%, en 0,35% in Oceanië.

Het aandeel van de export in het BBP van Micronesië was 42,9% in de jaren 1970, en was vergelijkbaar met Zwitserland (43,2%).

De waarde van de export per hoofd in Micronesië was $400,6 in de jaren 1970s, en was vergelijkbaar met Amerika (US$397,2), Saint Lucia (US$406,0), Spanje (US$394,2). De waarde van de export per hoofd in Micronesië was 65,5% hoger dan de export per hoofd van de bevolking in de wereld ($242,1), en was in 2,2 keer lager dan de export per hoofd van de bevolking in Oceanië ($242,1).

De groei van de export in Micronesië bedroeg 3.5% in de jaren 1970. De groei van de export in Micronesië (3,5%) was minder dan de groei van de export in de wereld (6,5%), was minder dan de groei van de export in Oceanië (4,4%).

Vergelijking met subregio's. De waarde van de export in Micronesië was minder dan in Australazië (US$17,1 miljard), in Melanesië (US$1,5 miljard) en in Polynesië (US$166,7 miljoen). De waarde van de export per hoofd in Micronesië was in Micronesië groter dan in Melanesië (US$370,8); maar minder dan in Australazië (US$1.023,8) en in Polynesië (US$423,3). De groei van de export in Micronesië was groter dan in Polynesië (-0,32%); maar minder dan in Melanesië (6,1%) en in Australazië (4,3%).

Leiders. De waarde van de export in Micronesië in de jaren 1970 bestond uit: Kiribati (45,8%), Nauru (25,6%), Marshalleilanden (14,1%), FS van Micronesië (11,8%), Palau (2,8%). Het aandeel van de export in BBP van de leiders: Kiribati (59,1%), Marshalleilanden (58,1%), Nauru (58,1%), FS van Micronesië (18,2%) en Palau (12,3%). De uitvoer per hoofd in Micronesië onder de leiders: Nauru ($2.357,8), Kiribati ($547,7), Marshalleilanden ($369,5), Palau ($146,1) en FS van Micronesië ($120,4). De groei van de export onder de leiders: Federale Staten van Micronesië (6,6%), Marshalleilanden (5,3%), Kiribati (4,3%), Nauru (1,9%) en Palau (0,15%).

de jaren 1980

De waarde van de export in Micronesië bedroeg in de jaren 1980 US$61,2 miljoen per jaar, en was vergelijkbaar met Grenada (US$60,5 miljoen), Lesotho (US$60,1 miljoen), Vanuatu (US$62,7 miljoen). Het aandeel in de wereld was 0,0024%, en 0,14% in Oceanië.

Het aandeel van de export in het BBP van Micronesië was 22,5% in de jaren 1980, en was vergelijkbaar met Sao Tomé en Principe (22,5%).

De waarde van de export per hoofd in Micronesië was $294,5 in de jaren 1980s, en was vergelijkbaar met Guyana (US$300,7). De waarde van de export per hoofd in Micronesië was 44,4% lager dan de export per hoofd van de bevolking in de wereld ($529,9), en was in 6,0 keer lager dan de export per hoofd van de bevolking in Oceanië ($529,9).

De groei van de export in Micronesië bedroeg -5.4% in de jaren 1980. De groei van de export in Micronesië (-5,4%) was minder dan de groei van de export in de wereld (3,8%), was minder dan de groei van de export in Oceanië (4,3%).

Vergelijking met subregio's. De uitvoer van Micronesië was minder dan in Australazië (US$40,6 miljard), in Melanesië (US$3,0 miljard) en in Polynesië (US$474,6 miljoen). De waarde van de export per hoofd in Micronesië was in Micronesië minder dan in Australazië (US$2,2 duizend), in Polynesië (US$1.046,5) en in Melanesië (US$559,7). De groei van de export in Micronesië was minder dan in Polynesië (5,9%), in Australazië (4,5%) en in Melanesië (2,8%).

Leiders. De waarde van de export in Micronesië in de jaren 1980 bestond uit: Marshalleilanden (36,1%), FS van Micronesië (31,1%),

Nauru (12,7%), Kiribati (11,7%), Palau (8,5%). Het aandeel van de export in BBP van de leiders: Marshalleilanden (45,0%), Kiribati (19,5%), Nauru (19,3%), Federale Staten van Micronesië (18,2%) en Palau (12,4%). De waarde van de export per hoofd in Micronesië onder de leiders: Nauru ($919,2), Marshalleilanden ($583,9), Palau ($388,9), FS van Micronesië ($226,2) en Kiribati ($111,3). De groei van de export onder de leiders: Marshalleilanden (3,7%), Palau (3,2%), Federale Staten van Micronesië (2,9%), Nauru (-13,4%) en Kiribati (-15,6%).

de jaren 1990

De uitvoer van Micronesië bedroeg in de jaren 1990 US$92,8 miljoen per jaar. Het aandeel in de wereld was 0,0016%, en 0,10% in Oceanië.

Het aandeel van de export in het BBP van Micronesië was 18,2% in de jaren 1990, en was vergelijkbaar met Australië (18,3%), Nieuw-Caledonië (18,2%).

De waarde van de export per hoofd in Micronesië was $358,1 in de jaren 1990s, en was vergelijkbaar met de Federale Staten van Micronesië (US$349,8). De uitvoer per hoofd in Micronesië was in 2,9 keer lager dan de export per hoofd van de bevolking in de wereld ($1.029,5), en was in 8,8 keer lager dan de export per hoofd van de bevolking in Oceanië ($1.029,5).

De groei van de export in Micronesië bedroeg -2.6% in de jaren 1990. De groei van de export in Micronesië (-2,6%) was minder dan de groei van de export in de wereld (6,9%), was minder dan de groei van de export in Oceanië (7,2%).

Vergelijking met subregio's. De uitvoer van Micronesië was minder dan in Australazië (US$84,5 miljard), in Melanesië (US$5,4 miljard) en in Polynesië (US$1,0 miljard). De waarde van de export per hoofd in Micronesië was in Micronesië minder dan in Australazië (US$3,9 duizend), in Polynesië (US$2,1 duizend) en in Melanesië (US$820,7). De groei van de export in Micronesië was minder dan in Australazië (7,5%), in Polynesië (4,9%) en in Melanesië (3,7%).

Leiders. De waarde van de export in Micronesië in de jaren 1990 bestond uit: FS van Micronesië (39,5%), Marshalleilanden (34,2%), Palau (11,2%), Kiribati (9,5%), Nauru (5,6%). Het aandeel van de export in BBP van de leiders: Marshalleilanden (31,1%), FS van Micronesië (18,0%), Kiribati (15,7%), Nauru (14,5%) en Palau (9,4%). De waarde van de export per hoofd in Micronesië onder de leiders: Marshalleilanden ($638,3), Palau ($615,1), Nauru ($503,7), Federale Staten van Micronesië ($349,8) en Kiribati ($113,9). De groei van de export onder de leiders: FS van Micronesië (1,1%), Kiribati (-2,2%), Marshalleilanden (-2,7%), Palau (-3,1%) en Nauru (-14,3%).

de jaren 2000

De uitvoer van Micronesië bedroeg in de jaren 2000 US$189,4 miljoen per jaar, en was vergelijkbaar met Grenada (US$189,9 miljoen), Saint Vincent en de Grenadines (US$192,6 miljoen). Het aandeel in de wereld was 0,0015%, en 0,10% in Oceanië.

Het aandeel van de export in het BBP van Micronesië was 27,3% in de jaren 2000, en was vergelijkbaar met Centraal-Amerika (27,3%), Monaco (27,2%), Frankrijk (27,2%).

De uitvoer per hoofd in Micronesië was $673,6 in de jaren 2000s, en was vergelijkbaar met Cuba (US$688,4). De uitvoer per hoofd in Micronesië was in 2,9 keer lager dan de export per hoofd van de bevolking in de wereld ($1.933,7), en was in 8,2 keer lager dan de export per hoofd van de bevolking in Oceanië ($1.933,7).

De groei van de export in Micronesië bedroeg 6.3% in de jaren 2000, en was vergelijkbaar met Rusland (6,3%), Jordanië (6,3%), Libië (6,4%). De groei van de export in Micronesië (6,3%) was groter dan de groei van de export in de wereld (4,8%), was groter dan de groei van de export in Oceanië (3,0%).

Vergelijking met subregio's. De uitvoer van Micronesië was minder dan in Australazië (US$173,2 miljard), in Melanesië (US$8,3 miljard) en in Polynesië (US$1,4 miljard). De waarde van de export per hoofd in Micronesië was in Micronesië minder dan in Australazië (US$7,1 duizend), in Polynesië (US$2,5 duizend) en in Melanesië (US$1.019,4). De groei van de export in Micronesië was groter dan in Australazië (3,1%), in Melanesië (2,4%) en in Polynesië (-1,7%).

Leiders. De waarde van de export in Micronesië in de jaren 2000 bestond uit: Palau (41,0%), Federale Staten van Micronesië (25,5%), Marshalleilanden (23,4%), Kiribati (7,9%), Nauru (2,1%). Het aandeel van de export in BBP van de leiders: Palau (44,4%), Marshalleilanden (32,6%), FS van Micronesië (19,3%), Kiribati (14,4%) en Nauru (14,4%). De waarde van de export per hoofd in Micronesië onder de leiders: Palau ($4.016,9), Marshalleilanden ($819,0), Federale Staten van Micronesië ($457,1), Nauru ($407,7) en Kiribati ($163,1). De groei van de export onder de leiders: Palau (20,5%), Kiribati (3,4%), Federale Staten van Micronesië (3,3%),

Marshalleilanden (0,86%) en Nauru (0,24%).

de jaren 2010

De waarde van de export in Micronesië bedroeg in de jaren 2010 US$357,6 miljoen per jaar. Het aandeel in de wereld was 0,0016%, en 0,095% in Oceanië.

Het aandeel van de export in het BBP van Micronesië was 33,1% in de jaren 2010, en was vergelijkbaar met Saint Vincent en de Grenadines (33,0%), Congo-Kinshasa (33,0%), Mozambique (33,4%).

De uitvoer per hoofd in Micronesië was $1.176,5 in de jaren 2010s, en was vergelijkbaar met Colombia (US$1.164,0). De waarde van de export per hoofd in Micronesië was in 2,6 keer lager dan de export per hoofd van de bevolking in de wereld ($3.098,9), en was in 8,2 keer lager dan de export per hoofd van de bevolking in Oceanië ($3.098,9).

De groei van de export in Micronesië bedroeg 2.7% in de jaren 2010, en was vergelijkbaar met Bolivia (2,7%), Ecuador (2,7%). De groei van de export in Micronesië (2,7%) was minder dan de groei van de export in de wereld (4,4%), was minder dan de groei van de export in Oceanië (3,9%).

Vergelijking met subregio's. De uitvoer van Micronesië was 1.002,3 keer minder dan in Australazië (US$358,4 miljard), 45,7 keer minder dan in Melanesië (US$16,3 miljard) en 4,9 keer minder dan in Polynesië (US$1,7 miljard). De waarde van de export per hoofd in Micronesië was in Micronesië10,8 keer minder dan in Australazië (US$12,7 duizend), 2,5 keer minder dan in Polynesië (US$2,9 duizend) en 27,6% minder dan in Melanesië (US$1.626,0). De groei van de export in Micronesië was groter dan in Polynesië (2,5%); maar minder dan in Australazië (4,0%) en in Melanesië (3,7%).

Leiders. De uitvoer van Micronesië in de jaren 2010 bestond uit: Palau (36,9%), Marshalleilanden (26,8%), FS van Micronesië (25,1%), Kiribati (6,9%), Nauru (4,3%). Het aandeel van de export in BBP van de leiders: Palau (53,2%), Marshalleilanden (49,0%), Federale Staten van Micronesië (26,4%), Kiribati (13,5%) en Nauru (13,5%). De waarde van de export per hoofd in Micronesië onder de leiders: Palau ($7.429,9), Marshalleilanden ($1.666,8), Nauru ($1.483,3), Federale Staten van Micronesië ($831,6) en Kiribati ($222,9). De groei van de export onder de leiders: Marshalleilanden (5,8%), Nauru (5,8%), Federale Staten van Micronesië (2,6%), Palau (1,3%) en Kiribati (-1,6%).

Hoofdstuk XI. Invoer

Invoer van goederen en diensten

De invoer van Micronesië steeg van US$86,6 miljoen per jaar in de jaren 1970 tot US$927,5 miljoen per jaar in de jaren 2010, dat wil zeggen met US$841,0 miljoen of 10,7 keer. De verandering vond plaats op US$736,5 miljoen als gevolg van een 4,9-voudige stijging van de prijzen, en ook op US$30,2 miljoen als gevolg van een 1,2-voudige toename van het tarief per hoofd , evenals op US$74,3 miljoen als gevolg van de toename van de bevolking. De gemiddelde jaarlijkse groei van de invoer is 2,3%. De minimumwaarde van de invoer bedroeg US$43,3 miljoen in 1970. De maximumwaarde van de invoer bedroeg US$1,0 miljard in 2019.

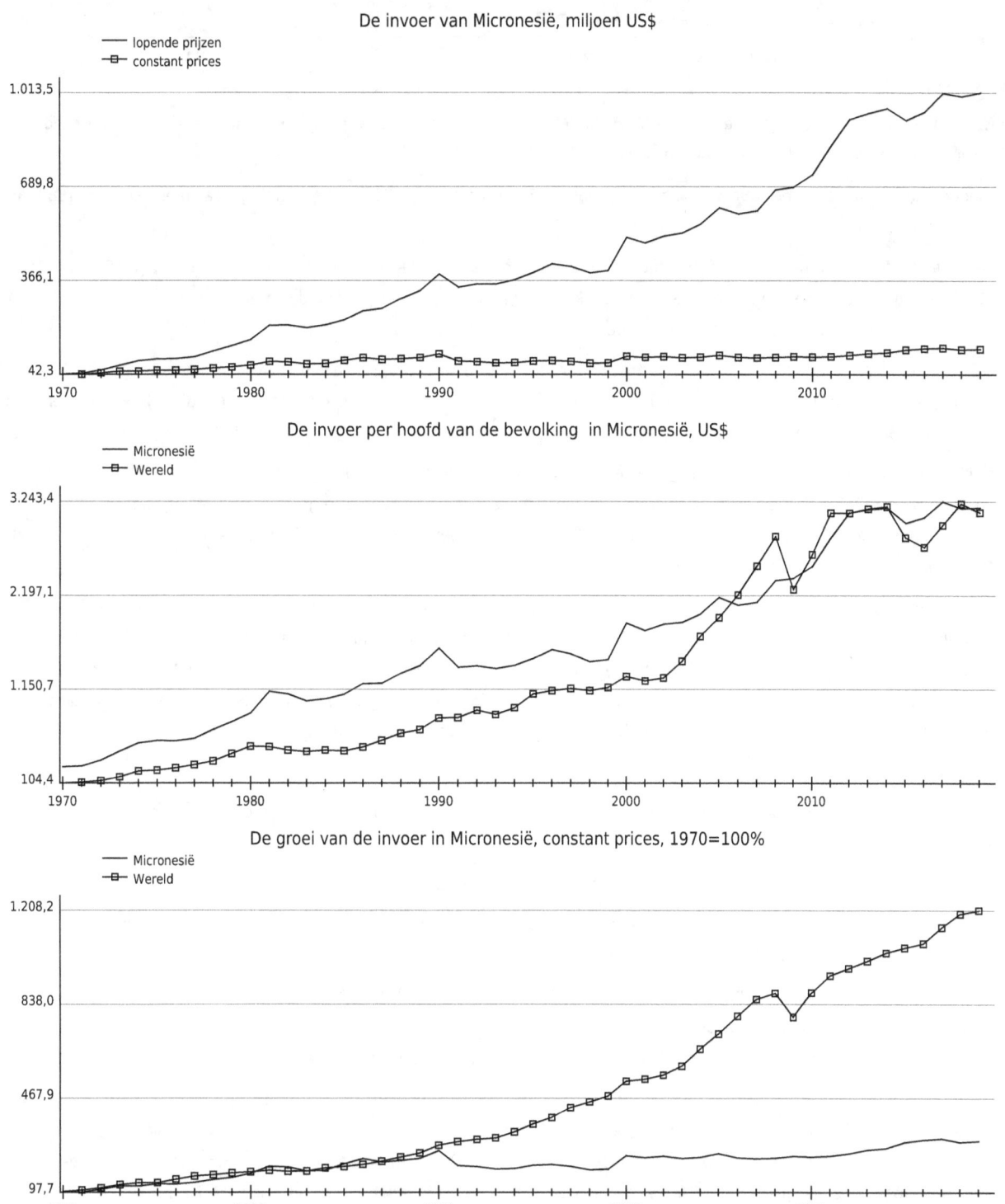

De invoer van Micronesië, miljoen US$

De invoer per hoofd van de bevolking in Micronesië, US$

De groei van de invoer in Micronesië, constant prices, 1970=100%

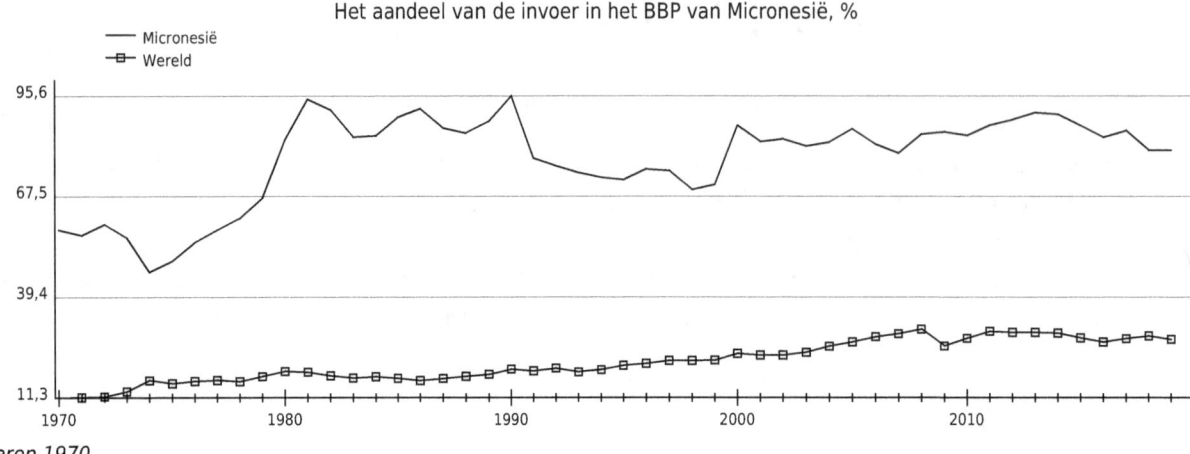

Het aandeel van de invoer in het BBP van Micronesië, %

de jaren 1970

De invoer van Micronesië bedroeg in de jaren 1970 US$86,6 miljoen per jaar, en was vergelijkbaar met Rwanda (US$85,3 miljoen). Het aandeel in de wereld was 0,0088%, en 0,44% in Oceanië.

Het aandeel van de invoer in het BBP van Micronesië was 56,6% in de jaren 1970, en was vergelijkbaar met Barbados (56,5%), de Kaaimaneilanden (57,1%).

De invoer per hoofd in Micronesië was $529,2 in de jaren 1970s, en was vergelijkbaar met Vanuatu (US$528,9), de FS van Micronesië (US$527,0). De invoer per hoofd in Micronesië was in 2,2 keer hoger dan de invoer per hoofd van de bevolking in de wereld ($244,3), en was 42,1% lager dan de invoer per hoofd van de bevolking in Oceanië ($244,3).

De groei van de invoer in Micronesië bedroeg 5% in de jaren 1970, en was vergelijkbaar met de Verenigde Staten (5,1%), Soedan (5,1%). De groei van de invoer in Micronesië (5,0%) was minder dan de groei van de invoer in de wereld (6,3%), was groter dan de groei van de invoer in Oceanië (2,8%).

Vergelijking met subregio's. De invoer van Micronesië was minder dan in Australazië (US$17,5 miljard), in Melanesië (US$1,6 miljard) en in Polynesië (US$361,3 miljoen). De invoer per hoofd in Micronesië was in Micronesië groter dan in Melanesië (US$383,9); maar minder dan in Australazië (US$1.047,8) en in Polynesië (US$917,2). De groei van de invoer in Micronesië was groter dan in Australazië (3,2%), in Polynesië (1,7%) en in Melanesië (0,084%).

Leiders. De waarde van de invoer in Micronesië in de jaren 1970 bestond uit: FS van Micronesië (39,1%), Kiribati (22,2%), Marshalleilanden (16,1%), Nauru (13,0%), Palau (9,6%). Het aandeel van de invoer in BBP van de leiders: Marshalleilanden (88,0%), Federale Staten van Micronesië (79,5%), Palau (56,0%), Nauru (39,0%) en Kiribati (37,8%). De invoer per hoofd in Micronesië onder de leiders: Nauru ($1.582,5), Palau ($663,4), Marshalleilanden ($559,9), FS van Micronesië ($527,0) en Kiribati ($350,6). De groei van de invoer onder de leiders: Marshalleilanden (6,8%), Kiribati (6,7%), FS van Micronesië (6,6%), Nauru (4,3%) en Palau (0,15%).

de jaren 1980

De waarde van de invoer in Micronesië bedroeg in de jaren 1980 US$239,7 miljoen per jaar. Het aandeel in de wereld was 0,0092%, en 0,49% in Oceanië.

Het aandeel van de invoer in het BBP van Micronesië was 88,0% in de jaren 1980.

De waarde van de invoer per hoofd in Micronesië was $1.154,3 in de jaren 1980s, en was vergelijkbaar met Zuidwest-Azië (US$1.150,0), de Marshalleilanden (US$1.171,2). De invoer per hoofd in Micronesië was in 2,1 keer hoger dan de invoer per hoofd van de bevolking in de wereld ($539,1), en was 41,9% lager dan de invoer per hoofd van de bevolking in Oceanië ($539,1).

De groei van de invoer in Micronesië bedroeg 4% in de jaren 1980. De groei van de invoer in Micronesië (4,0%) was groter dan de groei van de invoer in de wereld (3,8%), was minder dan de groei van de invoer in Oceanië (5,7%).

Vergelijking met subregio's. De waarde van de invoer in Micronesië was minder dan in Australazië (US$44,8 miljard), in Melanesië (US$3,4 miljard) en in Polynesië (US$824,7 miljoen). De waarde van de invoer per hoofd in Micronesië was in Micronesië groter dan in Melanesië (US$639,7); maar minder dan in Australazië (US$2,4 duizend) en in Polynesië (US$1.818,6). De groei van de invoer in Micronesië was groter dan in Polynesië (2,5%) en in Melanesië (2,5%); maar minder dan in Australazië (6,2%).

Leiders. De waarde van de invoer in Micronesië in de jaren 1980 bestond uit: Federale Staten van Micronesië (34,7%), Nauru (19,4%), Marshalleilanden (18,5%), Kiribati (17,7%), Palau (9,8%). Het aandeel van de invoer in BBP van de leiders: Kiribati (115,6%), Nauru (115,5%), Marshalleilanden (90,2%), Federale Staten van Micronesië (79,6%) en Palau (56,0%). De waarde van de invoer per hoofd in Micronesië onder de leiders: Nauru ($5.494,7), Palau ($1.755,2), Marshalleilanden ($1.171,2), FS van Micronesië ($991,2) en Kiribati ($660,4). De groei van de invoer onder de leiders: Marshalleilanden (5,8%), Nauru (5,4%), Palau (3,2%), FS van Micronesië (2,9%) en Kiribati (2,8%).

de jaren 1990

De waarde van de invoer in Micronesië bedroeg in de jaren 1990 US$383,0 miljoen per jaar. Het aandeel in de wereld was 0,0066%, en 0,41% in Oceanië.

Het aandeel van de invoer in het BBP van Micronesië was 75,3% in de jaren 1990, en was vergelijkbaar met Montserrat (75,3%).

De invoer per hoofd in Micronesië was $1.478,5 in de jaren 1990s. De invoer per hoofd in Micronesië was 45,6% hoger dan de invoer per hoofd van de bevolking in de wereld ($1.015,5), en was in 2,2 keer lager dan de invoer per hoofd van de bevolking in Oceanië ($1.015,5).

De groei van de invoer in Micronesië bedroeg -2% in de jaren 1990. De groei van de invoer in Micronesië (-2,0%) was minder dan de groei van de invoer in de wereld (6,6%), was minder dan de groei van de invoer in Oceanië (6,2%).

Vergelijking met subregio's. De invoer van Micronesië was minder dan in Australazië (US$86,7 miljard), in Melanesië (US$5,5 miljard) en in Polynesië (US$1,3 miljard). De invoer per hoofd in Micronesië was in Micronesië groter dan in Melanesië (US$826,6); maar minder dan in Australazië (US$4,0 duizend) en in Polynesië (US$2,5 duizend). De groei van de invoer in Micronesië was minder dan in Australazië (6,6%), in Melanesië (3,0%) en in Polynesië (1,0%).

Leiders. De waarde van de invoer in Micronesië in de jaren 1990 bestond uit: Federale Staten van Micronesië (42,4%), Marshalleilanden (23,5%), Palau (16,4%), Kiribati (10,4%), Nauru (7,4%). Het aandeel van de invoer in BBP van de leiders: Marshalleilanden (88,1%), FS van Micronesië (79,9%), Nauru (78,6%), Kiribati (70,6%) en Palau (56,6%). De invoer per hoofd in Micronesië onder de leiders: Palau ($3.719,6), Nauru ($2.738,7), Marshalleilanden ($1.808,2), FS van Micronesië ($1.549,9) en Kiribati ($512,6). De groei van de invoer onder de leiders: Palau (4,6%), Federale Staten van Micronesië (1,7%), Marshalleilanden (-0,14%), Kiribati (-6,5%) en Nauru (-18,0%).

de jaren 2000

De waarde van de invoer in Micronesië bedroeg in de jaren 2000 US$580,4 miljoen per jaar. Het aandeel in de wereld was 0,0047%, en 0,30% in Oceanië.

Het aandeel van de invoer in het BBP van Micronesië was 83,7% in de jaren 2000.

De invoer per hoofd in Micronesië was $2.063,5 in de jaren 2000s, en was vergelijkbaar met Wit-Rusland (US$2,1 duizend). De waarde van de invoer per hoofd in Micronesië was 8,6% hoger dan de invoer per hoofd van de bevolking in de wereld ($1.899,9), en was in 2,8 keer lager dan de invoer per hoofd van de bevolking in Oceanië ($1.899,9).

De groei van de invoer in Micronesië bedroeg 2.4% in de jaren 2000. De groei van de invoer in Micronesië (2,4%) was minder dan de groei van de invoer in de wereld (5,1%), was minder dan de groei van de invoer in Oceanië (6,6%).

Vergelijking met subregio's. De invoer van Micronesië was minder dan in Australazië (US$182,8 miljard), in Melanesië (US$8,9 miljard) en in Polynesië (US$2,5 miljard). De invoer per hoofd in Micronesië was in Micronesië groter dan in Melanesië (US$1.083,4); maar minder dan in Australazië (US$7,5 duizend) en in Polynesië (US$4,4 duizend). De groei van de invoer in Micronesië was minder dan in Australazië (6,9%), in Melanesië (4,1%) en in Polynesië (3,3%).

Leiders. De invoer van Micronesië in de jaren 2000 bestond uit: Federale Staten van Micronesië (33,1%), Palau (24,8%), Marshalleilanden (20,9%), Kiribati (16,7%), Nauru (4,5%). Het aandeel van de invoer in BBP van de leiders: Kiribati (93,3%), Nauru (93,0%), Marshalleilanden (89,0%), Palau (82,2%) en FS van Micronesië (76,7%). De waarde van de invoer per hoofd in Micronesië onder de leiders: Palau ($7.440,1), Nauru ($2.626,6), Marshalleilanden ($2.238,1), FS van Micronesië ($1.816,6) en Kiribati ($1.053,5). De groei van de invoer onder de leiders: Kiribati (6,7%), Nauru (3,5%), Marshalleilanden (2,2%), FS van Micronesië (1,5%) en Palau (1,4%).

de jaren 2010

De invoer van Micronesië bedroeg in de jaren 2010 US$927,5 miljoen per jaar. Het aandeel in de wereld was 0,0042%, en 0,25% in Oceanië.

Het aandeel van de invoer in het BBP van Micronesië was 85,9% in de jaren 2010, en was vergelijkbaar met Curaçao (85,2%).

De invoer per hoofd in Micronesië was $3.051,9 in de jaren 2010s, en was vergelijkbaar met Fiji (US$3,0 duizend), de Wereld (US$3,0 duizend), Turkije (US$3,1 duizend). De waarde van de invoer per hoofd in Micronesië was 1,2% hoger dan de invoer per hoofd van de bevolking in de wereld ($3.015,6), en was in 3,1 keer lager dan de invoer per hoofd van de bevolking in Oceanië ($3.015,6).

De groei van de invoer in Micronesië bedroeg 2.3% in de jaren 2010. De groei van de invoer in Micronesië (2,3%) was minder dan de groei van de invoer in de wereld (4,4%), was minder dan de groei van de invoer in Oceanië (5,7%).

Vergelijking met subregio's. De invoer van Micronesië was 380,8 keer minder dan in Australazië (US$353,2 miljard), 19,9 keer minder dan in Melanesië (US$18,4 miljard) en 3,3 keer minder dan in Polynesië (US$3,1 miljard). De invoer per hoofd in Micronesië was in Micronesië66,2% groter dan in Melanesië (US$1.835,8); maar 4,1 keer minder dan in Australazië (US$12,5 duizend) en 41,2% minder dan in Polynesië (US$5,2 duizend). De groei van de invoer in Micronesië was groter dan in Polynesië (1,4%); maar minder dan in Australazië (5,8%) en in Melanesië (3,6%).

Leiders. De waarde van de invoer in Micronesië in de jaren 2010 bestond uit: Federale Staten van Micronesië (28,2%), Palau (21,7%), Marshalleilanden (19,9%), Kiribati (18,5%), Nauru (11,7%). Het aandeel van de invoer in BBP van de leiders: Nauru (95,1%), Marshalleilanden (94,6%), Kiribati (94,3%), Palau (81,0%) en Federale Staten van Micronesië (76,7%). De invoer per hoofd in Micronesië onder de leiders: Palau ($11.322,0), Nauru ($10.481,3), Marshalleilanden ($3.219,2), FS van Micronesië ($2.415,0) en Kiribati ($1.558,7). De groei van de invoer onder de leiders: Nauru (10,3%), Palau (3,6%), Marshalleilanden (2,7%), Kiribati (2,6%) en FS van Micronesië (-0,83%).

Part IV. Verbruik

Hoofdstuk XII. Overheidsuitgaven

Consumptie-uitgaven van de overheid

De overheidsuitgaven van Micronesië steeg van US$54,1 miljoen per jaar in de jaren 1970 tot US$467,0 miljoen per jaar in de jaren 2010, dat wil zeggen met US$412,9 miljoen of 8,6 keer. De verandering vond plaats op US$369,2 miljoen als gevolg van een 4,8-voudige stijging van de prijzen, en ook op -US$2,7 miljoen als gevolg van een 1,0-voudige afname van het tarief per hoofd , evenals op US$46,4 miljoen als gevolg van de toename van de bevolking. De gemiddelde jaarlijkse groei van de overheidsuitgaven is 1,7%. De minimumwaarde van de overheidsuitgaven bedroeg US$29,3 miljoen in 1970. De maximumwaarde van de overheidsuitgaven bedroeg US$547,5 miljoen in 2019.

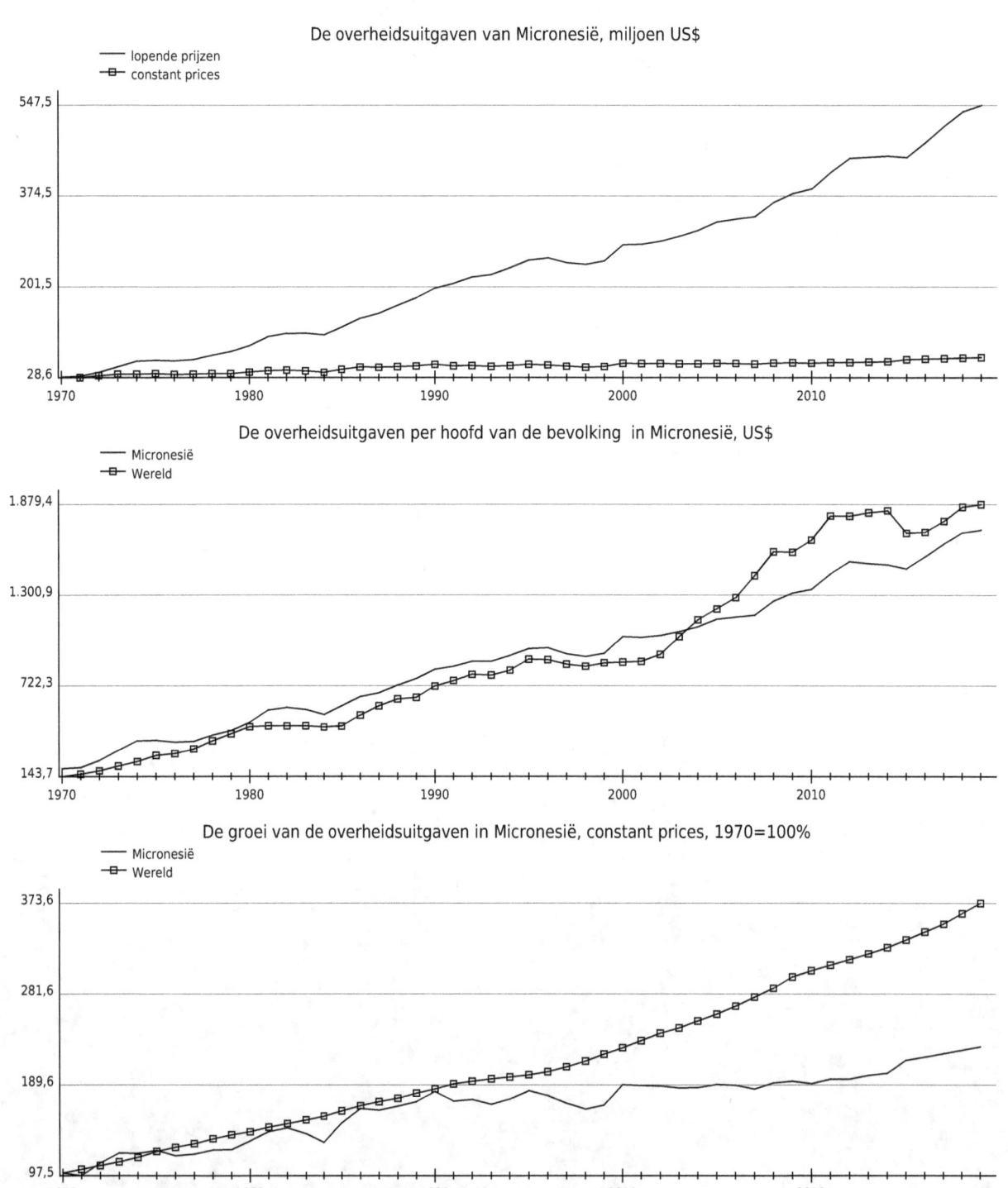

De overheidsuitgaven van Micronesië, miljoen US$

De overheidsuitgaven per hoofd van de bevolking in Micronesië, US$

De groei van de overheidsuitgaven in Micronesië, constant prices, 1970=100%

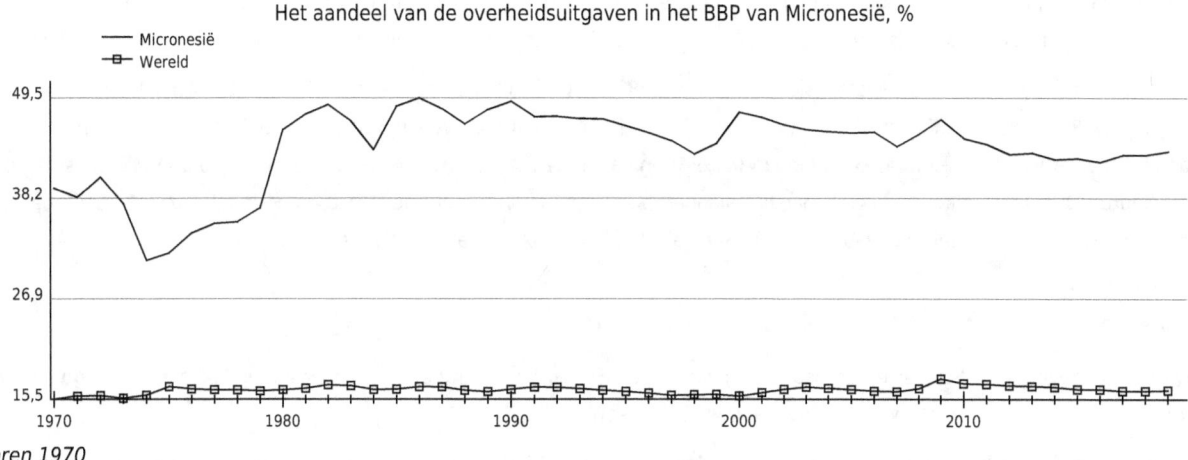

Het aandeel van de overheidsuitgaven in het BBP van Micronesië, %

de jaren 1970

De overheidsuitgaven van Micronesië bedroeg in de jaren 1970 US$54,1 miljoen per jaar. Het aandeel in de wereld was 0,0051%, en 0,28% in Oceanië.

Het aandeel van de overheidsuitgaven in het BBP van Micronesië was 35,4% in de jaren 1970.

De overheidsuitgaven per hoofd in Micronesië was $330,8 in de jaren 1970s, en was vergelijkbaar met de Cookeilanden (US$326,9). De overheidsuitgaven per hoofd in Micronesië was 24,8% hoger dan de overheidsuitgaven per hoofd van de bevolking in de wereld ($265,2), en was in 2,8 keer lager dan de overheidsuitgaven per hoofd van de bevolking in Oceanië ($265,2).

De groei van de overheidsuitgaven in Micronesië bedroeg 2.4% in de jaren 1970, en was vergelijkbaar met de Dominicaanse Republiek (2,4%), Madagaskar (2,4%). De groei van de overheidsuitgaven in Micronesië (2,4%) was minder dan de groei van de overheidsuitgaven in de wereld (3,7%), was minder dan de groei van de overheidsuitgaven in Oceanië (3,9%).

Vergelijking met subregio's. De overheidsuitgaven van Micronesië was minder dan in Australazië (US$18,4 miljard), in Melanesië (US$922,6 miljoen) en in Polynesië (US$231,3 miljoen). De overheidsuitgaven per hoofd in Micronesië was in Micronesië groter dan in Melanesië (US$225,1); maar minder dan in Australazië (US$1.105,6) en in Polynesië (US$587,1). De groei van de overheidsuitgaven in Micronesië was minder dan in Melanesië (4,3%), in Australazië (3,9%) en in Polynesië (3,7%).

Leiders. De overheidsuitgaven van Micronesië in de jaren 1970 bestond uit: Federale Staten van Micronesië (41,2%), Kiribati (19,1%), Marshalleilanden (18,4%), Nauru (11,1%), Palau (10,3%). Het aandeel van de overheidsuitgaven in BBP van de leiders: Marshalleilanden (62,8%), Federale Staten van Micronesië (52,3%), Palau (37,5%), Nauru (20,8%) en Kiribati (20,3%). De overheidsuitgaven per hoofd in Micronesië onder de leiders: Nauru ($845,4), Palau ($444,8), Marshalleilanden ($399,6), Federale Staten van Micronesië ($346,5) en Kiribati ($188,3). De groei van de overheidsuitgaven onder de leiders: Federale Staten van Micronesië (6,6%), Marshalleilanden (6,5%), Palau (0,15%), Kiribati (-0,24%) en Nauru (-2,5%).

de jaren 1980

De overheidsuitgaven van Micronesië bedroeg in de jaren 1980 US$129,3 miljoen per jaar. Het aandeel in de wereld was 0,0051%, en 0,27% in Oceanië.

Het aandeel van de overheidsuitgaven in het BBP van Micronesië was 47,4% in de jaren 1980, en was vergelijkbaar met de Seychellen (47,4%).

De overheidsuitgaven per hoofd in Micronesië was $622,3 in de jaren 1980s. De overheidsuitgaven per hoofd in Micronesië was 18,9% hoger dan de overheidsuitgaven per hoofd van de bevolking in de wereld ($523,5), en was in 3,1 keer lager dan de overheidsuitgaven per hoofd van de bevolking in Oceanië ($523,5).

De groei van de overheidsuitgaven in Micronesië bedroeg 3.4% in de jaren 1980, en was vergelijkbaar met Oceanië (3,4%). De groei van de overheidsuitgaven in Micronesië (3,4%) was groter dan de groei van de overheidsuitgaven in de wereld (2,7%), was minder dan de groei van de overheidsuitgaven in Oceanië (3,4%).

Vergelijking met subregio's. De overheidsuitgaven van Micronesië was minder dan in Australazië (US$44,9 miljard), in Melanesië (US$1,8 miljard) en in Polynesië (US$609,5 miljoen). De overheidsuitgaven per hoofd in Micronesië was in Micronesië groter dan in

Melanesië (US$345,6); maar minder dan in Australazië (US$2,4 duizend) en in Polynesië (US$1.343,9). De groei van de overheidsuitgaven in Micronesië was groter dan in Melanesië (2,1%); maar minder dan in Polynesië (4,0%) en in Australazië (3,4%).

Leiders. De overheidsuitgaven van Micronesië in de jaren 1980 bestond uit: FS van Micronesië (42,3%), Marshalleilanden (20,9%), Nauru (12,9%), Palau (12,2%), Kiribati (11,8%). Het aandeel van de overheidsuitgaven in BBP van de leiders: Marshalleilanden (55,0%), FS van Micronesië (52,3%), Nauru (41,5%), Kiribati (41,5%) en Palau (37,5%). De overheidsuitgaven per hoofd in Micronesië onder de leiders: Nauru ($1.972,9), Palau ($1.177,1), Marshalleilanden ($713,3), FS van Micronesië ($651,4) en Kiribati ($236,9). De groei van de overheidsuitgaven onder de leiders: Nauru (4,8%), Marshalleilanden (4,0%), Palau (3,2%), Federale Staten van Micronesië (2,9%) en Kiribati (2,2%).

de jaren 1990

De overheidsuitgaven van Micronesië bedroeg in de jaren 1990 US$234,1 miljoen per jaar, en was vergelijkbaar met Togo (US$237,4 miljoen). Het aandeel in de wereld was 0,0050%, en 0,29% in Oceanië.

Het aandeel van de overheidsuitgaven in het BBP van Micronesië was 46,1% in de jaren 1990, en was vergelijkbaar met Groenland (46,2%).

De overheidsuitgaven per hoofd in Micronesië was $903,8 in de jaren 1990s. De overheidsuitgaven per hoofd in Micronesië was 9,6% hoger dan de overheidsuitgaven per hoofd van de bevolking in de wereld ($824,8), en was in 3,1 keer lager dan de overheidsuitgaven per hoofd van de bevolking in Oceanië ($824,8).

De groei van de overheidsuitgaven in Micronesië bedroeg -0.2% in de jaren 1990. De groei van de overheidsuitgaven in Micronesië (-0,20%) was minder dan de groei van de overheidsuitgaven in de wereld (2,0%), was minder dan de groei van de overheidsuitgaven in Oceanië (2,8%).

Vergelijking met subregio's. De overheidsuitgaven van Micronesië was minder dan in Australazië (US$77,2 miljard), in Melanesië (US$2,8 miljard) en in Polynesië (US$1,2 miljard). De overheidsuitgaven per hoofd in Micronesië was in Micronesië groter dan in Melanesië (US$419,7); maar minder dan in Australazië (US$3,6 duizend) en in Polynesië (US$2,3 duizend). De groei van de overheidsuitgaven in Micronesië was minder dan in Australazië (2,8%), in Polynesië (1,9%) en in Melanesië (0,99%).

Leiders. De overheidsuitgaven van Micronesië in de jaren 1990 bestond uit: Federale Staten van Micronesië (45,5%), Marshalleilanden (25,3%), Palau (16,0%), Kiribati (7,9%), Nauru (5,3%). Het aandeel van de overheidsuitgaven in BBP van de leiders: Marshalleilanden (58,1%), FS van Micronesië (52,4%), Nauru (34,7%), Palau (33,7%) en Kiribati (32,8%). De overheidsuitgaven per hoofd in Micronesië onder de leiders: Palau ($2.213,6), Nauru ($1.209,6), Marshalleilanden ($1.192,9), Federale Staten van Micronesië ($1.017,2) en Kiribati ($237,9). De groei van de overheidsuitgaven onder de leiders: FS van Micronesië (2,0%), Palau (1,8%), Marshalleilanden (1,3%), Kiribati (-1,9%) en Nauru (-14,0%).

de jaren 2000

De overheidsuitgaven van Micronesië bedroeg in de jaren 2000 US$319,2 miljoen per jaar, en was vergelijkbaar met Guyana (US$317,8 miljoen). Het aandeel in de wereld was 0,0041%, en 0,22% in Oceanië.

Het aandeel van de overheidsuitgaven in het BBP van Micronesië was 46,0% in de jaren 2000.

De overheidsuitgaven per hoofd in Micronesië was $1.135,0 in de jaren 2000s. De overheidsuitgaven per hoofd in Micronesië was 5,5% lager dan de overheidsuitgaven per hoofd van de bevolking in de wereld ($1.200,9), en was in 3,9 keer lager dan de overheidsuitgaven per hoofd van de bevolking in Oceanië ($1.200,9).

De groei van de overheidsuitgaven in Micronesië bedroeg 1.4% in de jaren 2000, en was vergelijkbaar met Duitsland (1,4%). De groei van de overheidsuitgaven in Micronesië (1,4%) was minder dan de groei van de overheidsuitgaven in de wereld (3,1%), was minder dan de groei van de overheidsuitgaven in Oceanië (3,1%).

Vergelijking met subregio's. De overheidsuitgaven van Micronesië was minder dan in Australazië (US$142,4 miljard), in Melanesië (US$3,5 miljard) en in Polynesië (US$1,9 miljard). De overheidsuitgaven per hoofd in Micronesië was in Micronesië groter dan in Melanesië (US$422,4); maar minder dan in Australazië (US$5,9 duizend) en in Polynesië (US$3,4 duizend). De groei van de overheidsuitgaven in Micronesië was minder dan in Melanesië (3,7%), in Polynesië (3,6%) en in Australazië (3,1%).

Leiders. De overheidsuitgaven van Micronesië in de jaren 2000 bestond uit: FS van Micronesië (40,0%), Marshalleilanden (25,0%), Palau

(19,3%), Kiribati (12,3%), Nauru (3,3%). Het aandeel van de overheidsuitgaven in BBP van de leiders: Marshalleilanden (58,6%), FS van Micronesië (51,0%), Kiribati (37,8%), Nauru (37,8%) en Palau (35,3%). De overheidsuitgaven per hoofd in Micronesië onder de leiders: Palau ($3.190,6), Marshalleilanden ($1.474,2), FS van Micronesië ($1.207,5), Nauru ($1.066,6) en Kiribati ($427,2). De groei van de overheidsuitgaven onder de leiders: Kiribati (3,6%), Marshalleilanden (2,5%), FS van Micronesië (0,64%), Palau (0,63%) en Nauru (0,43%).

de jaren 2010

De overheidsuitgaven van Micronesië bedroeg in de jaren 2010 US$467,0 miljoen per jaar, en was vergelijkbaar met Djibouti (US$470,4 miljoen), de Kaaimaneilanden (US$462,4 miljoen). Het aandeel in de wereld was 0,0036%, en 0,15% in Oceanië.

Het aandeel van de overheidsuitgaven in het BBP van Micronesië was 43,2% in de jaren 2010.

De overheidsuitgaven per hoofd in Micronesië was $1.536,7 in de jaren 2010s, en was vergelijkbaar met de Federale Staten van Micronesië (US$1.532,6), Dominica (US$1.551,7), Roemenië (US$1.514,3). De overheidsuitgaven per hoofd in Micronesië was 13,9% lager dan de overheidsuitgaven per hoofd van de bevolking in de wereld ($1.785,1), en was in 5,1 keer lager dan de overheidsuitgaven per hoofd van de bevolking in Oceanië ($1.785,1).

De groei van de overheidsuitgaven in Micronesië bedroeg 1.7% in de jaren 2010. De groei van de overheidsuitgaven in Micronesië (1,7%) was minder dan de groei van de overheidsuitgaven in de wereld (2,3%), was minder dan de groei van de overheidsuitgaven in Oceanië (3,3%).

Vergelijking met subregio's. De overheidsuitgaven van Micronesië was 637,7 keer minder dan in Australazië (US$297,8 miljard), 17,4 keer minder dan in Melanesië (US$8,1 miljard) en 4,8 keer minder dan in Polynesië (US$2,3 miljard). De overheidsuitgaven per hoofd in Micronesië was in Micronesië89,5% groter dan in Melanesië (US$810,7); maar 6,8 keer minder dan in Australazië (US$10,5 duizend) en 2,5 keer minder dan in Polynesië (US$3,8 duizend). De groei van de overheidsuitgaven in Micronesië was groter dan in Polynesië (0,12%) en in Melanesië (-1,5%); maar minder dan in Australazië (3,4%).

Leiders. De overheidsuitgaven van Micronesië in de jaren 2010 bestond uit: FS van Micronesië (35,5%), Marshalleilanden (23,1%), Palau (17,1%), Kiribati (14,9%), Nauru (9,4%). Het aandeel van de overheidsuitgaven in BBP van de leiders: Marshalleilanden (55,2%), FS van Micronesië (48,7%), Nauru (38,4%), Kiribati (38,2%) en Palau (32,2%). De overheidsuitgaven per hoofd in Micronesië onder de leiders: Palau ($4.499,1), Nauru ($4.233,2), Marshalleilanden ($1.878,2), FS van Micronesië ($1.532,6) en Kiribati ($632,0). De groei van de overheidsuitgaven onder de leiders: Nauru (10,8%), Kiribati (3,1%), Marshalleilanden (2,9%), Palau (0,56%) en Federale Staten van Micronesië (-0,38%).

Hoofdstuk XIII. Huishoudelijke uitgaven

Consumptieve bestedingen van de huishoudens

De huishoudelijke uitgaven van Micronesië steeg van US$95,1 miljoen per jaar in de jaren 1970 tot US$847,5 miljoen per jaar in de jaren 2010, dat wil zeggen met US$752,5 miljoen of 8,9 keer. De verandering vond plaats op US$690,4 miljoen als gevolg van een 5,4-voudige stijging van de prijzen, en ook op -US$19,6 miljoen als gevolg van een 1,1-voudige afname van het tarief per hoofd , evenals op US$81,6 miljoen als gevolg van de toename van de bevolking. De gemiddelde jaarlijkse groei van de huishoudelijke uitgaven is 1,5%. De minimumwaarde van de huishoudelijke uitgaven bedroeg US$49,7 miljoen in 1970. De maximumwaarde van de huishoudelijke uitgaven bedroeg US$963,6 miljoen in 2018.

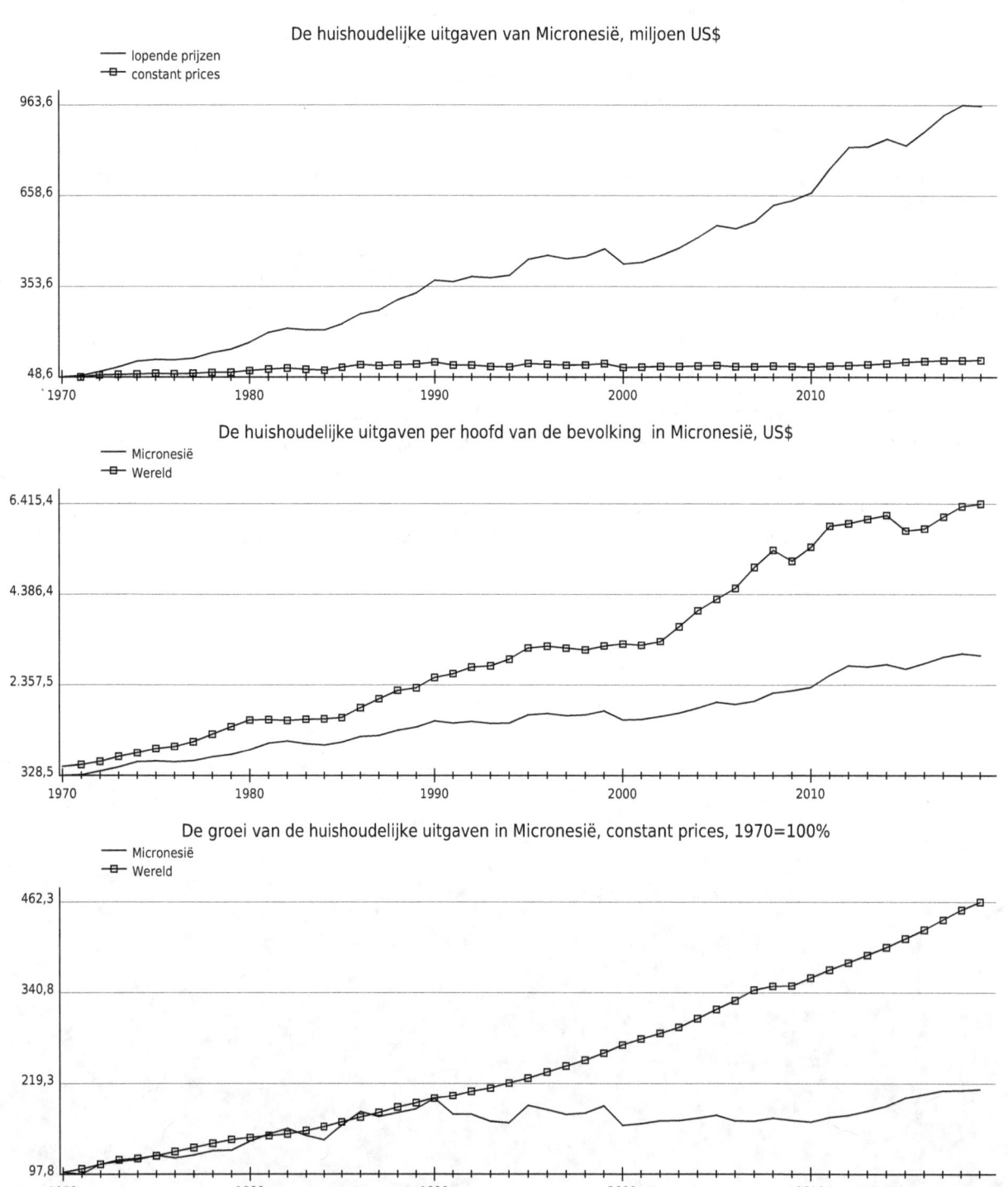

De huishoudelijke uitgaven van Micronesië, miljoen US$

De huishoudelijke uitgaven per hoofd van de bevolking in Micronesië, US$

De groei van de huishoudelijke uitgaven in Micronesië, constant prices, 1970=100%

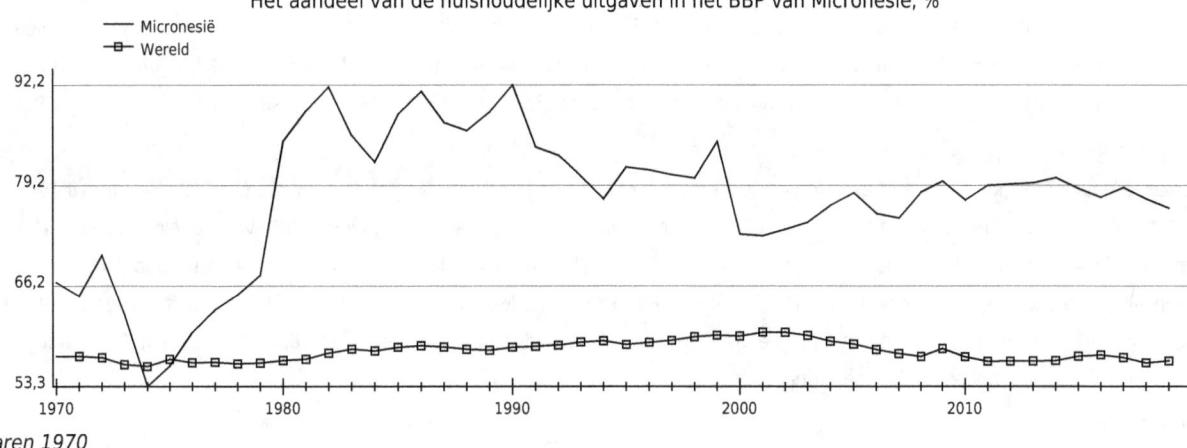

Het aandeel van de huishoudelijke uitgaven in het BBP van Micronesië, %

de jaren 1970

De huishoudelijke uitgaven van Micronesië bedroeg in de jaren 1970 US$95,1 miljoen per jaar. Het aandeel in de wereld was 0,0026%, en 0,15% in Oceanië.

Het aandeel van de huishoudelijke uitgaven in het BBP van Micronesië was 62,2% in de jaren 1970, en was vergelijkbaar met Zuidoost-Azië (62,3%), Thailand (62,0%), Congo-Kinshasa (62,0%).

De huishoudelijke uitgaven per hoofd in Micronesië was $581,2 in de jaren 1970s, en was vergelijkbaar met Hongarije (US$577,0), de Dominicaanse Republiek (US$589,0). De huishoudelijke uitgaven per hoofd in Micronesië was 36,5% lager dan de huishoudelijke uitgaven per hoofd van de bevolking in de wereld ($914,8), en was in 5,2 keer lager dan de huishoudelijke uitgaven per hoofd van de bevolking in Oceanië ($914,8).

De groei van de huishoudelijke uitgaven in Micronesië bedroeg 2.9% in de jaren 1970, en was vergelijkbaar met Oost-Afrika (2,9%). De groei van de huishoudelijke uitgaven in Micronesië (2,9%) was minder dan de groei van de huishoudelijke uitgaven in de wereld (4,1%), was minder dan de groei van de huishoudelijke uitgaven in Oceanië (3,1%).

Vergelijking met subregio's. De huishoudelijke uitgaven van Micronesië was minder dan in Australazië (US$62,3 miljard), in Melanesië (US$1,9 miljard) en in Polynesië (US$498,6 miljoen). De huishoudelijke uitgaven per hoofd in Micronesië was in Micronesië groter dan in Melanesië (US$467,9); maar minder dan in Australazië (US$3,7 duizend) en in Polynesië (US$1.265,9). De groei van de huishoudelijke uitgaven in Micronesië was minder dan in Polynesië (3,6%), in Melanesië (3,4%) en in Australazië (3,1%).

Leiders. De huishoudelijke uitgaven van Micronesië in de jaren 1970 bestond uit: FS van Micronesië (33,7%), Kiribati (24,6%), Palau (14,8%), Nauru (14,3%), Marshalleilanden (12,6%). Het aandeel van de huishoudelijke uitgaven in BBP van de leiders: Palau (95,4%), Marshalleilanden (75,4%), Federale Staten van Micronesië (75,2%), Nauru (47,1%) en Kiribati (46,0%). De huishoudelijke uitgaven per hoofd in Micronesië onder de leiders: Nauru ($1.913,6), Palau ($1.130,0), Federale Staten van Micronesië ($498,8), Marshalleilanden ($479,6) en Kiribati ($426,4). De groei van de huishoudelijke uitgaven onder de leiders: Federale Staten van Micronesië (6,6%), Marshalleilanden (6,5%), Kiribati (3,2%), Nauru (0,84%) en Palau (0,15%).

de jaren 1980

De huishoudelijke uitgaven van Micronesië bedroeg in de jaren 1980 US$238,8 miljoen per jaar. Het aandeel in de wereld was 0,0027%, en 0,16% in Oceanië.

Het aandeel van de huishoudelijke uitgaven in het BBP van Micronesië was 87,7% in de jaren 1980, en was vergelijkbaar met Montserrat (87,8%), Mozambique (87,4%), Somalië (87,4%).

De huishoudelijke uitgaven per hoofd in Micronesië was $1.149,8 in de jaren 1980s, en was vergelijkbaar met Ecuador (US$1.159,3), Brazilië (US$1.135,3), Bulgarije (US$1.132,3). De huishoudelijke uitgaven per hoofd in Micronesië was 36,4% lager dan de huishoudelijke uitgaven per hoofd van de bevolking in de wereld ($1.808,0), en was in 5,1 keer lager dan de huishoudelijke uitgaven per hoofd van de bevolking in Oceanië ($1.808,0).

De groei van de huishoudelijke uitgaven in Micronesië bedroeg 3.6% in de jaren 1980. De groei van de huishoudelijke uitgaven in Micronesië (3,6%) was groter dan de groei van de huishoudelijke uitgaven in de wereld (3,0%), was groter dan de groei van de huishoudelijke uitgaven in Oceanië (3,1%).

Vergelijking met subregio's. De huishoudelijke uitgaven van Micronesië was minder dan in Australazië (US$139,3 miljard), in Melanesië (US$4,0 miljard) en in Polynesië (US$1,3 miljard). De huishoudelijke uitgaven per hoofd in Micronesië was in Micronesië groter dan in Melanesië (US$755,0); maar minder dan in Australazië (US$7,4 duizend) en in Polynesië (US$2,8 duizend). De groei van de huishoudelijke uitgaven in Micronesië was groter dan in Australazië (3,1%) en in Melanesië (3,0%); maar minder dan in Polynesië (3,7%).

Leiders. De huishoudelijke uitgaven van Micronesië in de jaren 1980 bestond uit: FS van Micronesië (33,0%), Nauru (18,1%), Palau (16,7%), Kiribati (16,5%), Marshalleilanden (15,6%). Het aandeel van de huishoudelijke uitgaven in BBP van de leiders: Nauru (107,7%), Kiribati (107,7%), Palau (95,2%), Marshalleilanden (76,2%) en Federale Staten van Micronesië (75,3%). De huishoudelijke uitgaven per hoofd in Micronesië onder de leiders: Nauru ($5.123,8), Palau ($2.987,4), Marshalleilanden ($988,9), FS van Micronesië ($937,8) en Kiribati ($615,4). De groei van de huishoudelijke uitgaven onder de leiders: Marshalleilanden (6,0%), Nauru (4,6%), Palau (3,2%), Federale Staten van Micronesië (2,9%) en Kiribati (1,9%).

de jaren 1990

De huishoudelijke uitgaven van Micronesië bedroeg in de jaren 1990 US$418,7 miljoen per jaar. Het aandeel in de wereld was 0,0025%, en 0,16% in Oceanië.

Het aandeel van de huishoudelijke uitgaven in het BBP van Micronesië was 82,4% in de jaren 1990, en was vergelijkbaar met Jemen (82,5%), Guatemala (82,9%).

De huishoudelijke uitgaven per hoofd in Micronesië was $1.616,0 in de jaren 1990s. De huishoudelijke uitgaven per hoofd in Micronesië was 45,5% lager dan de huishoudelijke uitgaven per hoofd van de bevolking in de wereld ($2.963,9), en was in 5,5 keer lager dan de huishoudelijke uitgaven per hoofd van de bevolking in Oceanië ($2.963,9).

De groei van de huishoudelijke uitgaven in Micronesië bedroeg 0.2% in de jaren 1990. De groei van de huishoudelijke uitgaven in Micronesië (0,21%) was minder dan de groei van de huishoudelijke uitgaven in de wereld (3,0%), was minder dan de groei van de huishoudelijke uitgaven in Oceanië (3,2%).

Vergelijking met subregio's. De huishoudelijke uitgaven van Micronesië was minder dan in Australazië (US$248,4 miljard), in Melanesië (US$6,8 miljard) en in Polynesië (US$2,5 miljard). De huishoudelijke uitgaven per hoofd in Micronesië was in Micronesië groter dan in Melanesië (US$1.031,8); maar minder dan in Australazië (US$11,5 duizend) en in Polynesië (US$4,8 duizend). De groei van de huishoudelijke uitgaven in Micronesië was minder dan in Melanesië (4,9%), in Australazië (3,2%) en in Polynesië (1,8%).

Leiders. De huishoudelijke uitgaven van Micronesië in de jaren 1990 bestond uit: Federale Staten van Micronesië (36,6%), Palau (26,0%), Marshalleilanden (18,2%), Kiribati (11,4%), Nauru (7,7%). Het aandeel van de huishoudelijke uitgaven in BBP van de leiders: Palau (98,0%), Nauru (90,3%), Kiribati (85,2%), Federale Staten van Micronesië (75,5%) en Marshalleilanden (74,6%). De huishoudelijke uitgaven per hoofd in Micronesië onder de leiders: Palau ($6.435,7), Nauru ($3.145,0), Marshalleilanden ($1.531,0), FS van Micronesië ($1.464,4) en Kiribati ($618,5). De groei van de huishoudelijke uitgaven onder de leiders: Palau (5,4%), Federale Staten van Micronesië (2,0%), Marshalleilanden (-0,26%), Kiribati (-1,9%) en Nauru (-14,0%).

de jaren 2000

De huishoudelijke uitgaven van Micronesië bedroeg in de jaren 2000 US$526,9 miljoen per jaar. Het aandeel in de wereld was 0,0019%, en 0,11% in Oceanië.

Het aandeel van de huishoudelijke uitgaven in het BBP van Micronesië was 76,0% in de jaren 2000, en was vergelijkbaar met Tsjaad (75,9%), Honduras (76,0%), Soedan (75,8%).

De huishoudelijke uitgaven per hoofd in Micronesië was $1.873,3 in de jaren 2000s, en was vergelijkbaar met Peru (US$1.865,7), de Marshalleilanden (US$1.861,2), Jordanië (US$1.892,1). De huishoudelijke uitgaven per hoofd in Micronesië was in 2,2 keer lager dan de huishoudelijke uitgaven per hoofd van de bevolking in de wereld ($4.208,2), en was in 7,6 keer lager dan de huishoudelijke uitgaven per hoofd van de bevolking in Oceanië ($4.208,2).

De groei van de huishoudelijke uitgaven in Micronesië bedroeg -1.1% in de jaren 2000. De groei van de huishoudelijke uitgaven in Micronesië (-1,1%) was minder dan de groei van de huishoudelijke uitgaven in de wereld (3,0%), was minder dan de groei van de huishoudelijke uitgaven in Oceanië (3,6%).

Vergelijking met subregio's. De huishoudelijke uitgaven van Micronesië was minder dan in Australazië (US$460,2 miljard), in

Melanesië (US$10,0 miljard) en in Polynesië (US$4,0 miljard). De huishoudelijke uitgaven per hoofd in Micronesië was in Micronesië groter dan in Melanesië (US$1.218,5); maar minder dan in Australazië (US$19,0 duizend) en in Polynesië (US$7,2 duizend). De groei van de huishoudelijke uitgaven in Micronesië was minder dan in Australazië (3,7%), in Polynesië (3,4%) en in Melanesië (2,3%).

Leiders. De huishoudelijke uitgaven van Micronesië in de jaren 2000 bestond uit: FS van Micronesië (34,9%), Palau (21,3%), Kiribati (19,4%), Marshalleilanden (19,1%), Nauru (5,3%). Het aandeel van de huishoudelijke uitgaven in BBP van de leiders: Kiribati (98,3%), Nauru (98,2%), Marshalleilanden (74,0%), FS van Micronesië (73,4%) en Palau (64,2%). De huishoudelijke uitgaven per hoofd in Micronesië onder de leiders: Palau ($5.809,8), Nauru ($2.773,2), Marshalleilanden ($1.861,2), Federale Staten van Micronesië ($1.738,3) en Kiribati ($1.110,6). De groei van de huishoudelijke uitgaven onder de leiders: Kiribati (3,6%), Marshalleilanden (1,2%), FS van Micronesië (0,64%), Nauru (0,43%) en Palau (-6,4%).

de jaren 2010

De huishoudelijke uitgaven van Micronesië bedroeg in de jaren 2010 US$847,5 miljoen per jaar. Het aandeel in de wereld was 0,0019%, en 0,090% in Oceanië.

Het aandeel van de huishoudelijke uitgaven in het BBP van Micronesië was 78,5% in de jaren 2010, en was vergelijkbaar met Togo (78,8%), Honduras (78,8%), Jordanië (78,0%).

De huishoudelijke uitgaven per hoofd in Micronesië was $2.788,7 in de jaren 2010s, en was vergelijkbaar met Azerbeidzjan (US$2,8 duizend), China (US$2,8 duizend), Palestina (US$2,8 duizend). De huishoudelijke uitgaven per hoofd in Micronesië was in 2,2 keer lager dan de huishoudelijke uitgaven per hoofd van de bevolking in de wereld ($6.018,5), en was in 8,6 keer lager dan de huishoudelijke uitgaven per hoofd van de bevolking in Oceanië ($6.018,5).

De groei van de huishoudelijke uitgaven in Micronesië bedroeg 2.2% in de jaren 2010, en was vergelijkbaar met Amerika (2,2%). De groei van de huishoudelijke uitgaven in Micronesië (2,2%) was minder dan de groei van de huishoudelijke uitgaven in de wereld (2,8%), was minder dan de groei van de huishoudelijke uitgaven in Oceanië (2,3%).

Vergelijking met subregio's. De huishoudelijke uitgaven van Micronesië was 1.080,2 keer minder dan in Australazië (US$915,5 miljard), 27,0 keer minder dan in Melanesië (US$22,9 miljard) en 6,1 keer minder dan in Polynesië (US$5,2 miljard). De huishoudelijke uitgaven per hoofd in Micronesië was in Micronesië22,2% groter dan in Melanesië (US$2,3 duizend); maar 11,6 keer minder dan in Australazië (US$32,3 duizend) en 3,1 keer minder dan in Polynesië (US$8,7 duizend). De groei van de huishoudelijke uitgaven in Micronesië was groter dan in Australazië (2,2%) en in Polynesië (1,2%); maar minder dan in Melanesië (7,2%).

Leiders. De huishoudelijke uitgaven van Micronesië in de jaren 2010 bestond uit: FS van Micronesië (28,1%), Kiribati (21,4%), Palau (20,4%), Marshalleilanden (16,7%), Nauru (13,4%). Het aandeel van de huishoudelijke uitgaven in BBP van de leiders: Nauru (99,9%), Kiribati (99,4%), Marshalleilanden (72,3%), FS van Micronesië (70,1%) en Palau (69,5%). De huishoudelijke uitgaven per hoofd in Micronesië onder de leiders: Nauru ($11.006,2), Palau ($9.712,8), Marshalleilanden ($2.460,1), FS van Micronesië ($2.206,4) en Kiribati ($1.643,2). De groei van de huishoudelijke uitgaven onder de leiders: Nauru (10,8%), Kiribati (3,1%), Palau (2,4%), Marshalleilanden (1,7%) en FS van Micronesië (-0,38%).

Hoofdstuk XIV. Voedsel consumptie

Tijdens de onderzoeksperiode groeide de voedselconsumptie in melk (in 2,2 keer), suiker (met 46,0%), eieren (met 33,6%), vlees (met 26,6%), granen (met 24,2%), vis (met 18,6%), specerijen (met 11,0%), fruit (met 9,7%), maar daalde in noten (met 13,5%), groenten (met 23,7%), plantaardige oliën (met 26,8%), zetmeelrijke wortels (met 62,9%), stimulerende middelen (met 80,7%), peulvruchten (in 2,7 keer), alcoholische dranken (in 3,3 keer).

Dit zijn de correlatiecoëfficiënten tussen het bni per hoofd van de bevolking in constante prijzen en de voedselconsumptie: melk (0.959), granen (0.924), suiker (0.888), eieren (0.796), fruit (0.731), vlees (0.706), vis (0.58), specerijen (0.412), stimulerende middelen (0.006), noten (-0.451), zetmeelrijke wortels (-0.6), peulvruchten (-0.733), alcoholische dranken (-0.754), plantaardige oliën (-0.832), groenten (-0.871).

de jaren 1970

De consumptie van kcal in Micronesië was 2.832,3 kcal/hoofd/dag in the 1970s, and was on a par with Kiribati (2.832,3 kcal/hoofd/dag), Frans-Polynesië (2.831,2 kcal/hoofd/dag), Uruguay (2.823,4 kcal/hoofd/dag). De consumptie van kcal in Micronesië was groter dan in de wereld (2.403,2 kcal/hoofd/dag), en was minder dan in Oceanië (3.054,0 kcal/hoofd/dag). De structuur van de consumptie: granen (26.8%), zetmeelrijke wortels (15.3%), suiker (10.7%), plantaardige oliën (5.8%), vlees (5.6%), en anderen (35.8%).

De consumptie van eiwitten in Micronesië was 65,1 g/hoofd/dag in the 1970s, and was on a par with Kiribati (65,1 g/hoofd/dag), de Wereld (65,0 g/hoofd/dag), Libanon (64,9 g/hoofd/dag). De consumptie van eiwitten in Micronesië was groter dan in de wereld (65,0 g/hoofd/dag), en was minder dan in Oceanië (103,8 g/hoofd/dag). De structuur van de consumptie: granen (28.3%), vis (25.9%), vlees (14.2%), zetmeelrijke wortels (11.7%), groenten (4%), en anderen (15.9%).

De consumptie van vet in Micronesië was 109,9 g/hoofd/dag in the 1970s, and was on a par with Kiribati (109,9 g/hoofd/dag), Argentinië (109,8 g/hoofd/dag), Europa (109,6 g/hoofd/dag). De consumptie van vet in Micronesië was groter dan in de wereld (55,1 g/hoofd/dag), en was minder dan in Oceanië (112,0 g/hoofd/dag). De structuur van de consumptie: plantaardige oliën (16.8%), vlees (11.9%), granen (2.9%), vis (2.9%), noten (1.8%), en anderen (63.7%).

Dit zijn niveaus van voedselconsumptie: zetmeelrijke wortels (175,1 kg/hoofd/jr), granen (91,9 kg/hoofd/jr), fruit (70,7 kg/hoofd/jr), groenten (67,5 kg/hoofd/jr), vis (62,0 kg/hoofd/jr), suiker (31,0 kg/hoofd/jr), vlees (24,1 kg/hoofd/jr), alcoholische dranken (12,2 kg/hoofd/jr), melk (9,5 kg/hoofd/jr), plantaardige oliën (6,8 kg/hoofd/jr), noten (2,9 kg/hoofd/jr), eieren (1,9 kg/hoofd/jr), stimulerende middelen (1,2 kg/hoofd/jr), peulvruchten (0,16 kg/hoofd/jr), specerijen (0,12 kg/hoofd/jr).

de jaren 1980

De consumptie van kcal in Micronesië was 2.689,8 kcal/hoofd/dag in the 1980s, and was on a par with Kiribati (2.689,8 kcal/hoofd/dag), Mauritius (2.690,5 kcal/hoofd/dag), Brunei (2.687,3 kcal/hoofd/dag). De consumptie van kcal in Micronesië was groter dan in de wereld (2.572,3 kcal/hoofd/dag), en was minder dan in Oceanië (3.045,2 kcal/hoofd/dag). De structuur van de consumptie: granen (30.2%), zetmeelrijke wortels (11.9%), suiker (11.5%), plantaardige oliën (6.5%), vlees (4.7%), en anderen (35.2%).

De consumptie van eiwitten in Micronesië was 64,9 g/hoofd/dag in the 1980s, and was on a par with Kiribati (64,9 g/hoofd/dag), Botswana (64,4 g/hoofd/dag), Jamaica (65,5 g/hoofd/dag). De consumptie van eiwitten in Micronesië was minder dan in de wereld (69,1 g/hoofd/dag), en was minder dan in Oceanië (101,6 g/hoofd/dag). De structuur van de consumptie: vis (30.5%), granen (30.4%), vlees (11.8%), zetmeelrijke wortels (8.7%), groenten (3.7%), en anderen (14.9%).

De consumptie van vet in Micronesië was 100,4 g/hoofd/dag in the 1980s, and was on a par with Kiribati (100,4 g/hoofd/dag), de Sovjet-Unie (99,9 g/hoofd/dag), Polynesië (99,6 g/hoofd/dag). De consumptie van vet in Micronesië was groter dan in de wereld (63,2 g/hoofd/dag), en was minder dan in Oceanië (116,3 g/hoofd/dag). De structuur van de consumptie: plantaardige oliën (19.7%), vlees (10.3%), vis (4.2%), granen (2.1%), noten (1.8%), en anderen (61.9%).

Dit zijn niveaus van voedselconsumptie: zetmeelrijke wortels (130,4 kg/hoofd/jr), granen (98,1 kg/hoofd/jr), vis (69,8 kg/hoofd/jr), fruit (68,0 kg/hoofd/jr), groenten (62,0 kg/hoofd/jr), suiker (30,5 kg/hoofd/jr), vlees (20,1 kg/hoofd/jr), melk (10,8 kg/hoofd/jr), plantaardige oliën (7,3 kg/hoofd/jr), alcoholische dranken (7,0 kg/hoofd/jr), noten (2,6 kg/hoofd/jr), eieren (1,6 kg/hoofd/jr), stimulerende middelen (0,89 kg/hoofd/jr), peulvruchten (0,11 kg/hoofd/jr), specerijen (0,077 kg/hoofd/jr).

de jaren 1990

De consumptie van kcal in Micronesië was 2.754,0 kcal/hoofd/dag in the 1990s, and was on a par with Kiribati (2.754,0 kcal/hoofd/dag), Cyprus (2.753,6 kcal/hoofd/dag), Bosnië en Herzegovina (2.751,1 kcal/hoofd/dag). De consumptie van kcal in Micronesië was groter dan in de wereld (2.652,6 kcal/hoofd/dag), en was minder dan in Oceanië (3.065,5 kcal/hoofd/dag). De structuur van de consumptie: granen (32.5%), suiker (13.6%), zetmeelrijke wortels (9.1%), plantaardige oliën (6.7%), vis (5%), en anderen (33.1%).

De consumptie van eiwitten in Micronesië was 67,5 g/hoofd/dag in the 1990s, and was on a par with Kiribati (67,5 g/hoofd/dag), Saint Kitts en Nevis (67,7 g/hoofd/dag), Samoa (67,8 g/hoofd/dag). De consumptie van eiwitten in Micronesië was minder dan in de wereld (72,1 g/hoofd/dag), en was minder dan in Oceanië (100,9 g/hoofd/dag). De structuur van de consumptie: vis (32.3%), granen (30.8%), vlees (12.7%), zetmeelrijke wortels (6.5%), groenten (3.4%), en anderen (14.3%).

De consumptie van vet in Micronesië was 97,8 g/hoofd/dag in the 1990s, and was on a par with Kiribati (97,8 g/hoofd/dag), Vanuatu (97,5 g/hoofd/dag), Wit-Rusland (98,1 g/hoofd/dag). De consumptie van vet in Micronesië was groter dan in de wereld (69,0 g/hoofd/dag), en was minder dan in Oceanië (124,1 g/hoofd/dag). De structuur van de consumptie: plantaardige oliën (21.3%), vlees (10.5%), vis (5.1%), granen (2.6%), noten (1.9%), en anderen (58.6%).

Dit zijn niveaus van voedselconsumptie: granen (104,6 kg/hoofd/jr), zetmeelrijke wortels (101,6 kg/hoofd/jr), vis (74,9 kg/hoofd/jr), fruit (66,1 kg/hoofd/jr), groenten (60,3 kg/hoofd/jr), suiker (36,9 kg/hoofd/jr), vlees (23,3 kg/hoofd/jr), melk (15,5 kg/hoofd/jr), plantaardige oliën (7,6 kg/hoofd/jr), alcoholische dranken (6,8 kg/hoofd/jr), noten (2,8 kg/hoofd/jr), eieren (1,4 kg/hoofd/jr), stimulerende middelen (1,2 kg/hoofd/jr), peulvruchten (0,11 kg/hoofd/jr), specerijen (0,093 kg/hoofd/jr).

de jaren 2000

De consumptie van kcal in Micronesië was 2.884,7 kcal/hoofd/dag in the 2000s, and was on a par with Kiribati (2.884,7 kcal/hoofd/dag), Frans-Polynesië (2.886,3 kcal/hoofd/dag), China (2.879,8 kcal/hoofd/dag). De consumptie van kcal in Micronesië was groter dan in de wereld (2.765,9 kcal/hoofd/dag), en was minder dan in Oceanië (3.090,9 kcal/hoofd/dag). De structuur van de consumptie: granen (30.4%), suiker (16%), zetmeelrijke wortels (9.2%), vlees (6.2%), plantaardige oliën (5.1%), en anderen (33.1%).

De consumptie van eiwitten in Micronesië was 71,8 g/hoofd/dag in the 2000s, and was on a par with Kiribati (71,8 g/hoofd/dag), Grenada (71,8 g/hoofd/dag), Paraguay (71,6 g/hoofd/dag). De consumptie van eiwitten in Micronesië was minder dan in de wereld (76,5 g/hoofd/dag), en was minder dan in Oceanië (100,0 g/hoofd/dag). De structuur van de consumptie: granen (29.1%), vis (28.9%), vlees (17.6%), zetmeelrijke wortels (6.4%), groenten (3.2%), en anderen (14.8%).

De consumptie van vet in Micronesië was 100,5 g/hoofd/dag in the 2000s, and was on a par with Kiribati (100,5 g/hoofd/dag), Roemenië (101,2 g/hoofd/dag). De consumptie van vet in Micronesië was groter dan in de wereld (76,9 g/hoofd/dag), en was minder dan in Oceanië (130,3 g/hoofd/dag). De structuur van de consumptie: plantaardige oliën (16.6%), vlees (13.8%), vis (4.6%), granen (2.8%), noten (1.9%), en anderen (60.3%).

Dit zijn niveaus van voedselconsumptie: zetmeelrijke wortels (108,2 kg/hoofd/jr), granen (104,4 kg/hoofd/jr), vis (74,4 kg/hoofd/jr), fruit (67,9 kg/hoofd/jr), groenten (60,8 kg/hoofd/jr), suiker (45,7 kg/hoofd/jr), vlees (35,4 kg/hoofd/jr), melk (16,2 kg/hoofd/jr), alcoholische dranken (7,0 kg/hoofd/jr), plantaardige oliën (6,1 kg/hoofd/jr), stimulerende middelen (3,0 kg/hoofd/jr), noten (2,8 kg/hoofd/jr), eieren (2,2 kg/hoofd/jr), specerijen (0,23 kg/hoofd/jr), peulvruchten (0,040 kg/hoofd/jr).

de jaren 2010

De consumptie van kcal in Micronesië was 3.020,5 kcal/hoofd/dag in the 2010s, and was on a par with Kiribati (3.020,5 kcal/hoofd/dag), Uruguay (3.015,5 kcal/hoofd/dag), Zuid-Amerika (3.014,0 kcal/hoofd/dag). De consumptie van kcal in Micronesië was groter dan in de wereld (2.869,3 kcal/hoofd/dag), en was minder dan in Oceanië (3.193,3 kcal/hoofd/dag). De structuur van de consumptie: granen (32.9%), suiker (15.1%), zetmeelrijke wortels (8.8%), vlees (5.2%), vis (5%), en anderen (33%).

De consumptie van eiwitten in Micronesië was 73,9 g/hoofd/dag in the 2010s, and was on a par with Kiribati (73,9 g/hoofd/dag), Peru (73,8 g/hoofd/dag), Lesotho (74,1 g/hoofd/dag). De consumptie van eiwitten in Micronesië was minder dan in de wereld (80,6 g/hoofd/dag), en was minder dan in Oceanië (100,9 g/hoofd/dag). De structuur van de consumptie: granen (30.7%), vis (30.1%), vlees (14.6%), zetmeelrijke wortels (6.3%), groenten (2.7%), en anderen (15.6%).

De consumptie van vet in Micronesië was 101,8 g/hoofd/dag in the 2010s, and was on a par with Kiribati (101,8 g/hoofd/dag), Rusland (102,5 g/hoofd/dag), Saoedi-Arabië (101,0 g/hoofd/dag). De consumptie van vet in Micronesië was groter dan in de wereld (82,4 g/hoofd/dag), en was minder dan in Oceanië (140,2 g/hoofd/dag). De structuur van de consumptie: plantaardige oliën (14.4%), vlees

(12.1%), vis (6%), granen (2.6%), noten (1.7%), en anderen (63.2%).

Dit zijn niveaus van voedselconsumptie: granen (114,1 kg/hoofd/jr), zetmeelrijke wortels (107,5 kg/hoofd/jr), fruit (77,6 kg/hoofd/jr), vis (73,5 kg/hoofd/jr), groenten (54,5 kg/hoofd/jr), suiker (45,2 kg/hoofd/jr), vlees (30,5 kg/hoofd/jr), melk (20,6 kg/hoofd/jr), plantaardige oliën (5,3 kg/hoofd/jr), alcoholische dranken (3,7 kg/hoofd/jr), noten (2,6 kg/hoofd/jr), eieren (2,6 kg/hoofd/jr), stimulerende middelen (0,66 kg/hoofd/jr), specerijen (0,13 kg/hoofd/jr), peulvruchten (0,060 kg/hoofd/jr).

Part V. Reproductie

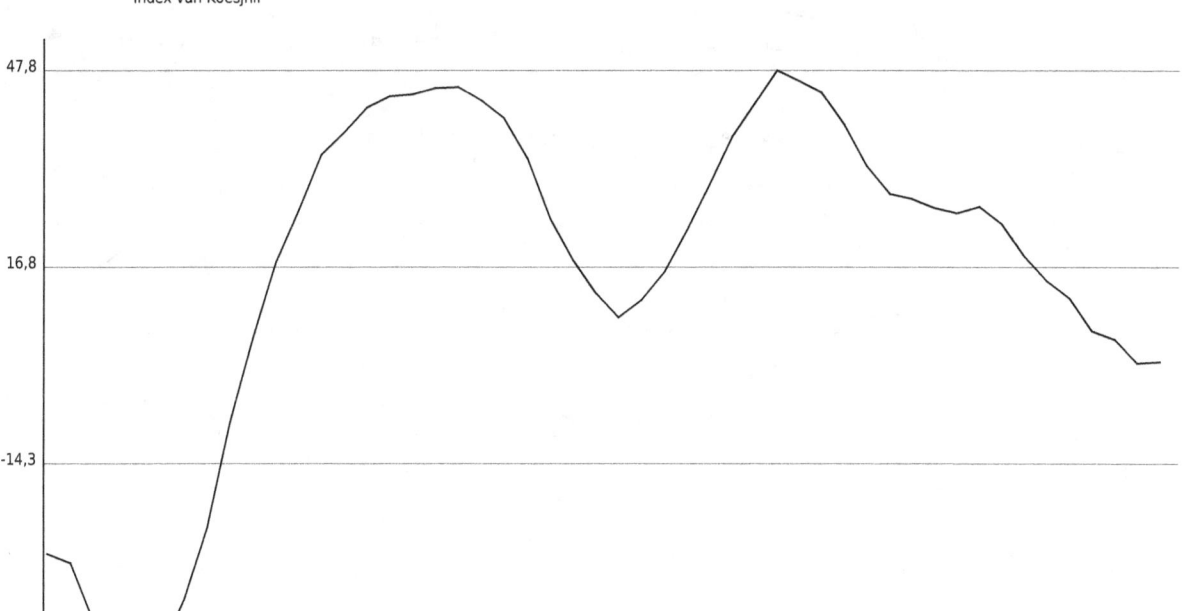

Index van Koesjnir, (-) consumptie - (+) reproductie

Hoofdstuk XV. Bruto-investeringen in vaste activa

De bruto-investeringen in vaste activa van Micronesië steeg van US$26,9 miljoen per jaar in de jaren 1970 tot US$339,3 miljoen per jaar in de jaren 2010, dat wil zeggen met US$312,4 miljoen of 12,6 keer. De verandering vond plaats op US$263,3 miljoen als gevolg van een 4,5-voudige stijging van de prijzen, en ook op US$26,0 miljoen als gevolg van een 1,5-voudige toename van het tarief per hoofd , evenals op US$23,1 miljoen als gevolg van de toename van de bevolking. De gemiddelde jaarlijkse groei van de investeringen in vaste activa is 3,1%. De minimumwaarde van de investeringen in vaste activa bedroeg US$12,1 miljoen in 1970. De maximumwaarde van de investeringen in vaste activa bedroeg US$391,3 miljoen in 2019.

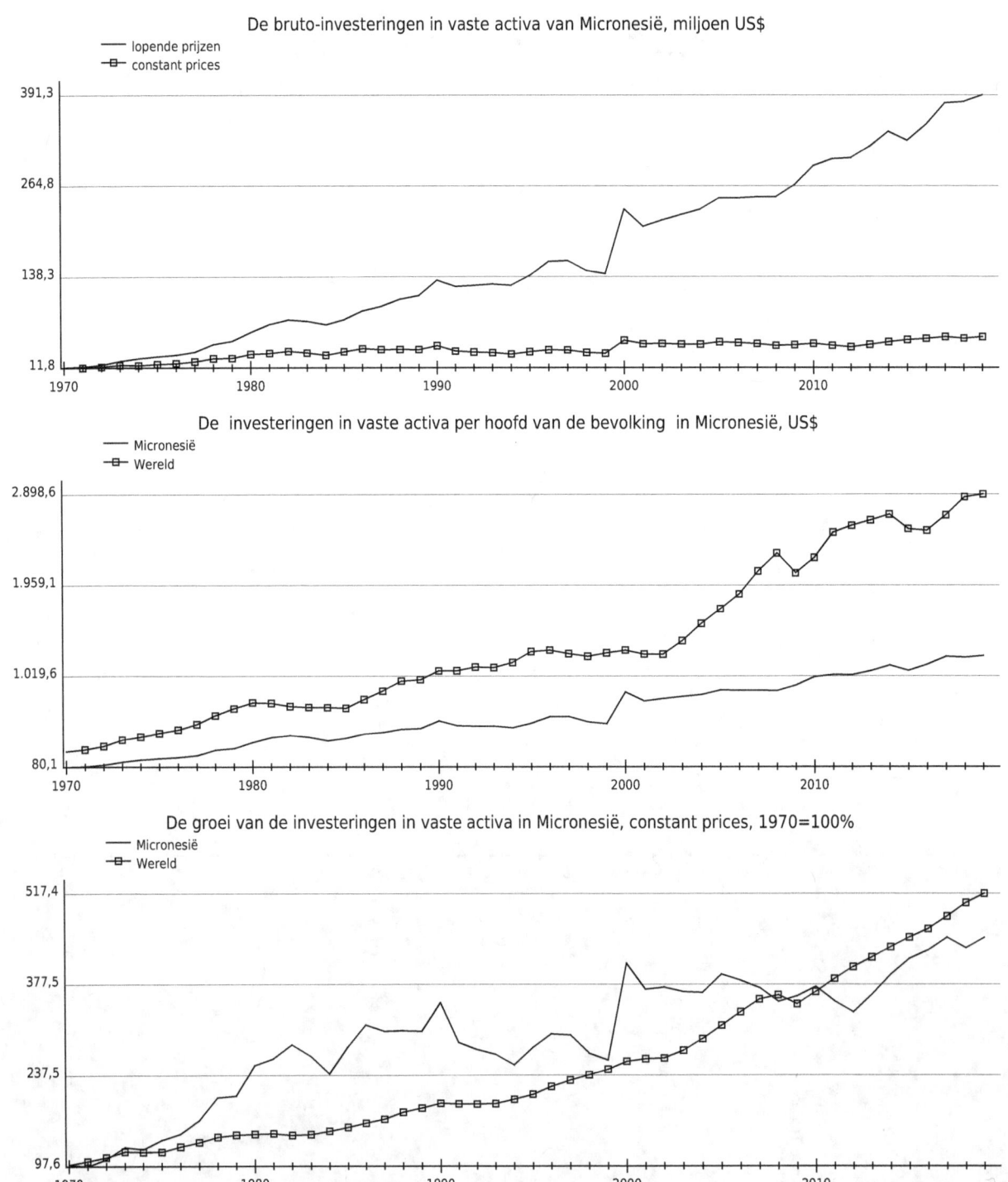

De bruto-investeringen in vaste activa van Micronesië, miljoen US$

De investeringen in vaste activa per hoofd van de bevolking in Micronesië, US$

De groei van de investeringen in vaste activa in Micronesië, constant prices, 1970=100%

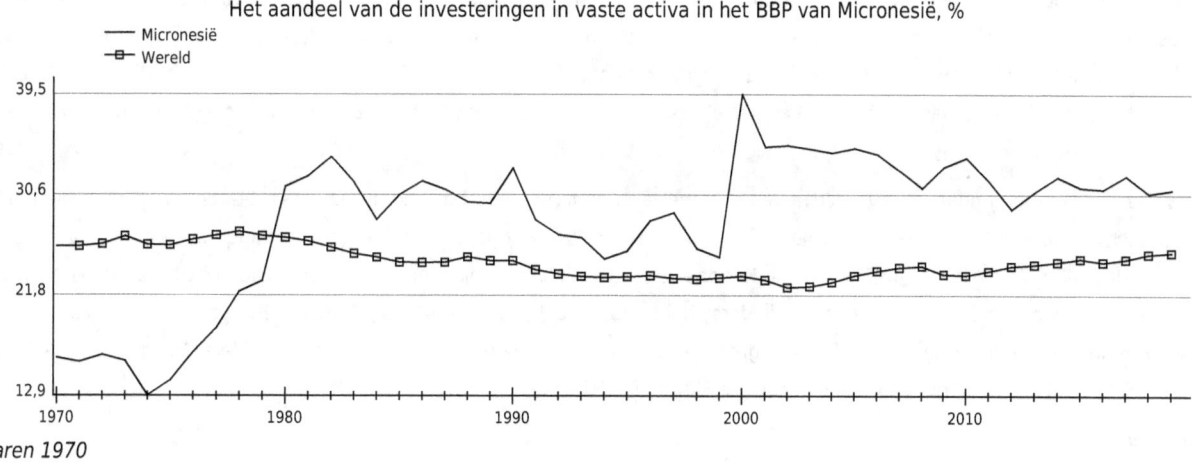

Het aandeel van de investeringen in vaste activa in het BBP van Micronesië, %

de jaren 1970

De investeringen in vaste activa van Micronesië bedroeg in de jaren 1970 US$26,9 miljoen per jaar. Het aandeel in de wereld was 0,0015%, en 0,088% in Oceanië.

Het aandeel van de investeringen in vaste activa in het BBP van Micronesië was 17,6% in de jaren 1970, en was vergelijkbaar met Haïti (17,6%), Barbados (17,6%), Irak (17,5%).

De bruto-investeringen in vaste activa per hoofd in Micronesië was $164,8 in de jaren 1970s, en was vergelijkbaar met Noord-Afrika (US$164,8), Ivoorkust (US$166,1), de Dominicaanse Republiek (US$163,2). De investeringen in vaste activa per hoofd in Micronesië was in 2,6 keer lager dan de investeringen in vaste activa per hoofd van de bevolking in de wereld ($433,5), en was in 8,7 keer lager dan de investeringen in vaste activa per hoofd van de bevolking in Oceanië ($433,5).

De groei van de investeringen in vaste activa in Micronesië bedroeg 8.3% in de jaren 1970, en was vergelijkbaar met Niger (8,2%), Iran (8,2%), Zuid-Amerika (8,3%). De groei van de investeringen in vaste activa in Micronesië (8,3%) was groter dan de groei van de investeringen in vaste activa in de wereld (4,2%), was groter dan de groei van de investeringen in vaste activa in Oceanië (2,6%).

Vergelijking met subregio's. De investeringen in vaste activa van Micronesië was minder dan in Australazië (US$29,6 miljard), in Melanesië (US$793,4 miljoen) en in Polynesië (US$268,7 miljoen). De bruto-investeringen in vaste activa per hoofd in Micronesië was in Micronesië minder dan in Australazië (US$1.773,9), in Polynesië (US$682,2) en in Melanesië (US$193,5). De groei van de investeringen in vaste activa in Micronesië was groter dan in Polynesië (6,3%), in Australazië (2,8%) en in Melanesië (-4,0%).

Leiders. De bruto-investeringen in vaste activa van Micronesië in de jaren 1970 bestond uit: FS van Micronesië (50,3%), Kiribati (21,1%), Nauru (12,5%), Marshalleilanden (8,9%), Palau (7,1%). Het aandeel van de investeringen in vaste activa in BBP van de leiders: Federale Staten van Micronesië (31,8%), Marshalleilanden (15,1%), Palau (13,0%), Nauru (11,7%) en Kiribati (11,2%). De investeringen in vaste activa per hoofd in Micronesië onder de leiders: Nauru ($475,4), Federale Staten van Micronesië ($210,9), Palau ($153,9), Kiribati ($104,0) en Marshalleilanden ($96,2). De groei van de investeringen in vaste activa onder de leiders: Kiribati (14,1%), Nauru (11,5%), Marshalleilanden (7,9%), FS van Micronesië (6,6%) en Palau (0,15%).

de jaren 1980

De investeringen in vaste activa van Micronesië bedroeg in de jaren 1980 US$84,4 miljoen per jaar, en was vergelijkbaar met Kaapverdië (US$83,3 miljoen), de Comoren (US$83,1 miljoen). Het aandeel in de wereld was 0,0022%, en 0,12% in Oceanië.

Het aandeel van de investeringen in vaste activa in het BBP van Micronesië was 31,0% in de jaren 1980, en was vergelijkbaar met Jordanië (31,1%), Kameroen (30,7%).

De bruto-investeringen in vaste activa per hoofd in Micronesië was $406,5 in de jaren 1980s, en was vergelijkbaar met Palau (US$406,6), Fiji (US$411,4), Polen (US$412,1). De bruto-investeringen in vaste activa per hoofd in Micronesië was 48,6% lager dan de investeringen in vaste activa per hoofd van de bevolking in de wereld ($790,9), en was in 7,0 keer lager dan de investeringen in vaste activa per hoofd van de bevolking in Oceanië ($790,9).

De groei van de investeringen in vaste activa in Micronesië bedroeg 4.1% in de jaren 1980, en was vergelijkbaar met Jamaica (4,1%). De groei van de investeringen in vaste activa in Micronesië (4,1%) was groter dan de groei van de investeringen in vaste activa in de wereld (2,5%), was minder dan de groei van de investeringen in vaste activa in Oceanië (4,9%).

Vergelijking met subregio's. De bruto-investeringen in vaste activa van Micronesië was minder dan in Australazië (US$67,6 miljard), in Melanesië (US$1,6 miljard) en in Polynesië (US$780,3 miljoen). De investeringen in vaste activa per hoofd in Micronesië was in Micronesië groter dan in Melanesië (US$295,1); maar minder dan in Australazië (US$3,6 duizend) en in Polynesië (US$1.720,5). De groei van de investeringen in vaste activa in Micronesië was groter dan in Polynesië (3,5%) en in Melanesië (1,5%); maar minder dan in Australazië (5,0%).

Leiders. De bruto-investeringen in vaste activa van Micronesië in de jaren 1980 bestond uit: Federale Staten van Micronesië (39,4%), Nauru (22,2%), Kiribati (20,3%), Marshalleilanden (11,6%), Palau (6,4%). Het aandeel van de investeringen in vaste activa in BBP van de leiders: Nauru (46,7%), Kiribati (46,7%), FS van Micronesië (31,8%), Marshalleilanden (20,0%) en Palau (13,0%). De investeringen in vaste activa per hoofd in Micronesië onder de leiders: Nauru ($2.222,3), Palau ($406,6), Federale Staten van Micronesië ($396,5), Kiribati ($266,6) en Marshalleilanden ($259,9). De groei van de investeringen in vaste activa onder de leiders: Marshalleilanden (7,1%), Nauru (5,6%), Palau (3,1%), Kiribati (3,0%) en Federale Staten van Micronesië (2,9%).

de jaren 1990

De bruto-investeringen in vaste activa van Micronesië bedroeg in de jaren 1990 US$138,8 miljoen per jaar, en was vergelijkbaar met Saint Kitts en Nevis (US$135,7 miljoen), Belize (US$135,7 miljoen). Het aandeel in de wereld was 0,0021%, en 0,13% in Oceanië.

Het aandeel van de investeringen in vaste activa in het BBP van Micronesië was 27,3% in de jaren 1990, en was vergelijkbaar met Mauritanië (27,6%), Guyana (27,6%).

De bruto-investeringen in vaste activa per hoofd in Micronesië was $535,8 in de jaren 1990s. De investeringen in vaste activa per hoofd in Micronesië was in 2,2 keer lager dan de investeringen in vaste activa per hoofd van de bevolking in de wereld ($1.183,8), en was in 6,9 keer lager dan de investeringen in vaste activa per hoofd van de bevolking in Oceanië ($1.183,8).

De groei van de investeringen in vaste activa in Micronesië bedroeg -1.6% in de jaren 1990. De groei van de investeringen in vaste activa in Micronesië (-1,6%) was minder dan de groei van de investeringen in vaste activa in de wereld (2,8%), was minder dan de groei van de investeringen in vaste activa in Oceanië (3,9%).

Vergelijking met subregio's. De investeringen in vaste activa van Micronesië was minder dan in Australazië (US$103,3 miljard), in Melanesië (US$2,3 miljard) en in Polynesië (US$886,6 miljoen). De bruto-investeringen in vaste activa per hoofd in Micronesië was in Micronesië groter dan in Melanesië (US$352,6); maar minder dan in Australazië (US$4,8 duizend) en in Polynesië (US$1.739,3). De groei van de investeringen in vaste activa in Micronesië was minder dan in Australazië (4,0%), in Melanesië (2,2%) en in Polynesië (-1,5%).

Leiders. De investeringen in vaste activa van Micronesië in de jaren 1990 bestond uit: FS van Micronesië (46,7%), Kiribati (14,9%), Marshalleilanden (14,7%), Palau (13,6%), Nauru (10,1%). Het aandeel van de investeringen in vaste activa in BBP van de leiders: Nauru (38,9%), Kiribati (36,7%), Federale Staten van Micronesië (31,9%), Marshalleilanden (20,1%) en Palau (17,0%). De bruto-investeringen in vaste activa per hoofd in Micronesië onder de leiders: Nauru ($1.356,7), Palau ($1.116,6), Federale Staten van Micronesië ($619,2), Marshalleilanden ($411,5) en Kiribati ($266,8). De groei van de investeringen in vaste activa onder de leiders: Palau (4,8%), FS van Micronesië (2,0%), Marshalleilanden (0,29%), Kiribati (-1,9%) en Nauru (-14,0%).

de jaren 2000

De bruto-investeringen in vaste activa van Micronesië bedroeg in de jaren 2000 US$237,7 miljoen per jaar, en was vergelijkbaar met Gambia (US$239,6 miljoen), de Britse Maagdeneilanden (US$232,9 miljoen). Het aandeel in de wereld was 0,0022%, en 0,11% in Oceanië.

Het aandeel van de investeringen in vaste activa in het BBP van Micronesië was 34,3% in de jaren 2000, en was vergelijkbaar met Mongolië (34,0%).

De bruto-investeringen in vaste activa per hoofd in Micronesië was $845,2 in de jaren 2000s, en was vergelijkbaar met Zuidelijk Afrika (US$842,8), Zuid-Afrika (US$865,1). De investeringen in vaste activa per hoofd in Micronesië was in 2,0 keer lager dan de investeringen in vaste activa per hoofd van de bevolking in de wereld ($1.690,7), en was in 7,8 keer lager dan de investeringen in vaste activa per hoofd van de bevolking in Oceanië ($1.690,7).

De groei van de investeringen in vaste activa in Micronesië bedroeg 3.3% in de jaren 2000, en was vergelijkbaar met Brazilië (3,3%). De groei van de investeringen in vaste activa in Micronesië (3,3%) was minder dan de groei van de investeringen in vaste activa in de wereld (3,5%), was minder dan de groei van de investeringen in vaste activa in Oceanië (5,0%).

Vergelijking met subregio's. De bruto-investeringen in vaste activa van Micronesië was minder dan in Australazië (US$214,3 miljard), in Melanesië (US$3,9 miljard) en in Polynesië (US$1,4 miljard). De bruto-investeringen in vaste activa per hoofd in Micronesië was in Micronesië groter dan in Melanesië (US$474,4); maar minder dan in Australazië (US$8,8 duizend) en in Polynesië (US$2,4 duizend). De groei van de investeringen in vaste activa in Micronesië was groter dan in Polynesië (0,90%); maar minder dan in Melanesië (8,4%) en in Australazië (4,9%).

Leiders. De investeringen in vaste activa van Micronesië in de jaren 2000 bestond uit: Federale Staten van Micronesië (32,7%), Palau (30,5%), Kiribati (18,5%), Marshalleilanden (13,2%), Nauru (5,0%). Het aandeel van de investeringen in vaste activa in BBP van de leiders: Kiribati (42,4%), Nauru (42,4%), Palau (41,5%), FS van Micronesië (31,0%) en Marshalleilanden (23,1%). De bruto-investeringen in vaste activa per hoofd in Micronesië onder de leiders: Palau ($3.750,2), Nauru ($1.196,3), FS van Micronesië ($735,0), Marshalleilanden ($580,7) en Kiribati ($479,1). De groei van de investeringen in vaste activa onder de leiders: Marshalleilanden (8,4%), Palau (5,6%), Kiribati (3,6%), FS van Micronesië (0,64%) en Nauru (0,43%).

de jaren 2010

De bruto-investeringen in vaste activa van Micronesië bedroeg in de jaren 2010 US$339,3 miljoen per jaar. Het aandeel in de wereld was 0,0018%, en 0,082% in Oceanië.

Het aandeel van de investeringen in vaste activa in het BBP van Micronesië was 31,4% in de jaren 2010, en was vergelijkbaar met India (31,5%).

De bruto-investeringen in vaste activa per hoofd in Micronesië was $1.116,5 in de jaren 2010s, en was vergelijkbaar met Tonga (US$1.113,7), Zuidoost-Azië (US$1.125,1), Albanië (US$1.132,8). De bruto-investeringen in vaste activa per hoofd in Micronesië was in 2,3 keer lager dan de investeringen in vaste activa per hoofd van de bevolking in de wereld ($2.621,1), en was in 9,4 keer lager dan de investeringen in vaste activa per hoofd van de bevolking in Oceanië ($2.621,1).

De groei van de investeringen in vaste activa in Micronesië bedroeg 2.3% in de jaren 2010, en was vergelijkbaar met Letland (2,2%), de Centraal-Afrikaanse Republiek (2,2%). De groei van de investeringen in vaste activa in Micronesië (2,3%) was minder dan de groei van de investeringen in vaste activa in de wereld (4,1%), was groter dan de groei van de investeringen in vaste activa in Oceanië (1,3%).

Vergelijking met subregio's. De bruto-investeringen in vaste activa van Micronesië was 1.191,1 keer minder dan in Australazië (US$404,2 miljard), 23,6 keer minder dan in Melanesië (US$8,0 miljard) en 4,0 keer minder dan in Polynesië (US$1,4 miljard). De investeringen in vaste activa per hoofd in Micronesië was in Micronesië39,8% groter dan in Melanesië (US$798,7); maar 12,8 keer minder dan in Australazië (US$14,3 duizend) en 2,1 keer minder dan in Polynesië (US$2,3 duizend). De groei van de investeringen in vaste activa in Micronesië was groter dan in Australazië (1,3%), in Polynesië (0,091%) en in Melanesië (-0,68%).

Leiders. De bruto-investeringen in vaste activa van Micronesië in de jaren 2010 bestond uit: FS van Micronesië (29,7%), Kiribati (23,0%), Palau (20,1%), Nauru (14,5%), Marshalleilanden (12,7%). Het aandeel van de investeringen in vaste activa in BBP van de leiders: Nauru (43,1%), Kiribati (42,9%), FS van Micronesië (29,6%), Palau (27,4%) en Marshalleilanden (22,0%). De investeringen in vaste activa per hoofd in Micronesië onder de leiders: Nauru ($4.748,0), Palau ($3.831,3), Federale Staten van Micronesië ($932,9), Marshalleilanden ($750,0) en Kiribati ($708,8). De groei van de investeringen in vaste activa onder de leiders: Nauru (10,8%), Palau (5,6%), Kiribati (3,1%), FS van Micronesië (-0,38%) en Marshalleilanden (-2,0%).